Problem Solving

Una Prospettiva Cristiana per Chiese, Comunità e Associazioni

Strategie e Tecniche per Risolvere Problemi Comuni e Complessi

Orazio Motta

Titolo: Problem Solving: Una Prospettiva Cristiana per Chiese, Comunità e Associazioni - Strategie e Tecniche per Risolvere Problemi Comuni e Complessi

Orazio Motta © Copyright 2024

Codice ISBN: 9798328495837
Casa editrice: Independently published

Prefazione

Viviamo in un mondo complesso e in continua evoluzione, dove ogni giorno ci troviamo di fronte a nuove sfide e problemi da risolvere. Il problem solving non è solo una competenza tecnica, ma un'arte che coinvolge la mente e il cuore. In questo contesto, il problem solving assume una dimensione ancora più significativa all'interno delle comunità cristiane, delle chiese e delle associazioni. Qui, la risoluzione dei problemi non riguarda solo l'efficienza e l'efficacia, ma anche l'amore, la compassione e la ricerca del bene comune.

Questo libro-corso, **"Problem Solving: Strategie e Tecniche per Risolvere Problemi Comuni e Complessi"**, è pensato per offrire strumenti pratici e metodologici a chiunque desideri sviluppare la propria capacità di affrontare e risolvere problemi. Ma c'è di più; vogliamo andare oltre la mera tecnica, esplorando come i principi cristiani possano arricchire e guidare il processo di problem solving, rendendolo non solo un atto di intelligenza, ma anche di fede e di servizio.

Nella Bibbia, troviamo numerosi esempi di problem solving; pensiamo a Giuseppe, che interpretò i sogni del faraone e propose una strategia per salvare l'Egitto dalla carestia (Genesi 41). O Neemia, che organizzò la ricostruzione delle mura di Gerusalemme nonostante le numerose difficoltà (Neemia 2-6). E naturalmente, Gesù stesso, che risolveva i problemi delle persone con amore, saggezza e potere divino, guarendo i malati, sfamando le folle e insegnando con parabole che offrivano soluzioni profonde alle questioni spirituali.

Questo libro-corso è strutturato per essere utile sia in contesti secolari che in quelli cristiani, le tecniche e le strategie presentate sono universali e possono essere applicate in qualsiasi situazione; tuttavia, abbiamo incluso anche riflessioni e applicazioni specifiche per le comunità di fede, per aiutare i leader e i membri delle chiese e delle associazioni cristiane a integrare i valori biblici nel loro approccio alla risoluzione dei problemi.

Nel corso di questo libro, esploreremo il processo di problem solving passo dopo passo, dall'identificazione del problema alla valutazione delle soluzioni, passando per la generazione di idee e la collaborazione efficace.

Vedremo come strumenti come il brainstorming, le mappe mentali e l'analisi SWOT possano essere potenti alleati nel nostro viaggio. E rifletteremo su come la preghiera, la saggezza biblica e la comunità cristiana possano dare una profondità unica al nostro impegno nel risolvere problemi.

Il nostro obiettivo è duplice: fornire competenze pratiche che possono essere applicate immediatamente e ispirare una visione del problem solving che sia radicata nella fede cristiana.

Crediamo che un approccio integrato e olistico al problem solving possa non solo risolvere i problemi, ma anche trasformare vite e comunità.

Auguriamo a tutti i lettori un viaggio fruttuoso attraverso queste pagine, nella speranza che possano trovare non solo soluzioni ai problemi che affrontano, ma anche una rinnovata comprensione del ruolo che la fede può giocare in ogni aspetto della vita.

Buona lettura e buon lavoro!

Con gratitudine,

Orazio Motta

Introduzione

L'arte del problem solving è una competenza fondamentale in ogni ambito della vita, sia personale che professionale; tuttavia, quando consideriamo questo tema nel contesto di una comunità cristiana, di una chiesa o di un'associazione, scopriamo che la risoluzione dei problemi assume una dimensione ancora più profonda e significativa, non si tratta solo di trovare soluzioni efficaci, ma di farlo in modo che rispecchi i valori del Vangelo, promuova l'amore fraterno e rafforzi la comunità.

Il Significato del Problem Solving nella Vita Cristiana
La Bibbia ci insegna che siamo chiamati a essere strumenti di pace e riconciliazione nel mondo (Matteo 5:9). Risolvere i problemi in modo efficace è parte di questo mandato, quando affrontiamo le difficoltà con saggezza e compassione, non solo miglioriamo le situazioni immediate, ma testimoniamo anche l'amore di Cristo. Il problem solving, quindi, diventa un ministero in sé, un modo per servire gli altri e glorificare Dio.

Principi Biblici per il Problem Solving
Il primo passo nel problem solving cristiano è cercare la guida di Dio. La preghiera ci aiuta a discernere la Sua volontà e a ottenere la saggezza necessaria per affronta-

re le sfide. Giacomo 1:5 ci incoraggia: *"Se poi qualcuno di voi manca di saggezza, la chieda a Dio che dona a tutti generosamente senza rinfacciare, e gli sarà data."*

Un altro principio fondamentale è l'importanza della comunità. In una chiesa o in un'associazione cristiana, risolvere i problemi insieme rafforza i legami tra i membri e promuove un senso di unità. Come dice Paolo in 1 Corinzi 12:26, *"Se un membro soffre, tutte le membra soffrono con lui; se un membro è onorato, tutte le membra ne gioiscono con lui."*

Metodi e Strumenti

Nel corso di questo libro, esploreremo vari metodi e strumenti di problem solving che possono essere applicati sia in contesti secolari che cristiani. Tecniche come il brainstorming, i diagrammi di flusso e l'analisi SWOT saranno affiancate da riflessioni su come la fede possa informare e arricchire questi approcci. Ad esempio, il brainstorming può essere preceduto da un momento di preghiera comunitaria per chiedere l'illuminazione dello Spirito Santo.

Esempi Pratici

Vedremo come applicare questi metodi attraverso esempi pratici. Immaginiamo una chiesa che deve affrontare una diminuzione delle presenze alla comunità. Applicando le tecniche di problem solving, possiamo identificare le cause (ad esempio, orari scomo di, mancanza di coinvolgimento, problemi di comunicazione) e sviluppare soluzioni creative (nuovi orari di servizio, programmi di coinvolgimento, miglioramento delle comunicazioni).

La Trasformazione Attraverso il Problem Solving

Il problem solving non è solo una questione di risolvere problemi immediati, ma è anche un'opportunità di crescita e trasformazione. Attraverso questo processo, impariamo a fidarci di più di Dio, a lavorare meglio insieme e a sviluppare una maggiore resilienza. In Proverbi 3:5-6 leggiamo: *"Confida nel Signore con tutto il cuore e non ti appoggiare sul tuo discernimento. Riconoscilo in tutte le tue vie ed egli appianerà i tuoi sentieri."*

Concludendo, l'arte del problem solving, vista attraverso la lente della fede cristiana, diventa una pratica integrale e ricca di significato. Non solo risolviamo i problemi, ma rafforziamo la nostra fede, approfondiamo le nostre relazioni e costruiamo comunità più forti e unite. Preghiamo che questo libro-corso possa essere una guida utile e ispiratrice per tutti coloro che desiderano sviluppare questa importante competenza in modo che onori Dio e serva il prossimo.

Importanza del Problem Solving nella Vita Quotidiana e Professionale

Il problem solving è una competenza essenziale che ci accompagna in ogni aspetto della nostra vita, dalla gestione delle sfide quotidiane alle decisioni cruciali in ambito professionale. In un contesto cristiano, che comprende comunità, chiese e associazioni, il problem solving non solo contribuisce all'efficienza e alla produttività, ma diventa anche uno strumento di servizio, cooperazione e crescita spirituale.

Problem Solving nella Vita Quotidiana

Ogni giorno ci troviamo di fronte a piccoli e grandi problemi che richiedono la nostra attenzione e capacità di risoluzione, questi possono variare da situazioni familiari complesse, come la gestione del tempo e delle risorse, a imprevisti che richiedono una risposta rapida e ponderata. Ad esempio, organizzare un evento per la comunità cristiana richiede una pianificazione accurata, gestione dei volontari e risoluzione di eventuali imprevisti.

In questo contesto, il problem solving diventa una manifestazione pratica della nostra fede, dove la pazienza, la saggezza e l'amore giocano un ruolo cruciale.

Problem Solving nella Vita Professionale

Nel mondo professionale, il problem solving è una competenza altamente valorizzata che può fare la differenza tra il successo e il fallimento di un progetto o di un'intera organizzazione. Essere in grado di identificare problemi, analizzarli, trovare soluzioni creative e implementarle efficacemente è fondamentale in qualsiasi settore. In un contesto cristiano, queste abilità sono arricchite da valori etici e morali che guidano le nostre azioni e decisioni.

Un esempio concreto potrebbe essere la gestione di un progetto di beneficenza all'interno di un'associazione cristiana; questo progetto richiede non solo competenze tecniche, ma anche un profondo senso di responsabilità e dedizione al bene comune. Affrontare le sfide con una prospettiva di fede ci permette di mantenere l'integrità, promuovere l'equità e mostrare compassione, tutti elementi che contribuiscono a un risultato positivo e armonioso.

Problem Solving come Servizio

Il problem solving, quando integrato con i valori cristiani, diventa un atto di servizio.

Gesù ci ha insegnato a servire gli altri con amore e umiltà (Giovanni 13:14-15). Risolvere i problemi all'interno della comunità significa prendersi cura dei bisogni degli altri, supportare i più deboli e costruire un ambiente in cui tutti possono prosperare.

Questo approccio non solo risolve problemi pratici, ma fortifica la comunità, promuove la solidarietà e testimonia l'amore di Cristo.

Problem Solving e Crescita Spirituale

Affrontare i problemi ci offre anche l'opportunità di crescere spiritualmente. Ogni sfida può essere vista come una prova della nostra fede e delle nostre capacità. La Bibbia ci incoraggia a vedere le difficoltà come occasioni per sviluppare la perseveranza e la maturità (Giacomo 1:2-4). Quando affrontiamo i problemi con una mente e un cuore aperti, affidandoci alla guida di Dio, non solo troviamo soluzioni, ma rafforziamo anche la nostra fede e il nostro carattere.

L'importanza del problem solving nella vita quotidiana e professionale è innegabile. In un contesto cristiano, questa competenza assume una dimensione ancora più profonda, diventando un
mezzo per servire gli altri, rafforzare le comunità e crescere nella fede. Che si tratti di affrontare sfide quotidiane o di gestire progetti complessi, il problem solving ci permette di vivere in modo più efficace e significativo, onorando Dio e promuovendo il bene comune. Attraverso questo libro-corso, speriamo di fornirvi gli strumenti e le strategie necessari per diventare abili problem solver, capaci di fare la differenza nel mondo che ci circonda.

Obiettivi del Corso

Questo libro-corso è progettato per fornire competenze pratiche e metodologiche a chiunque desideri sviluppare la propria capacità di affrontare e risolvere problemi; tuttavia, in un contesto cristiano, il corso va oltre l'aspetto tecnico, integrando valori e principi della fede per rendere il processo di risoluzione dei problemi un'esperienza arricchente sia dal punto di vista pratico che spirituale. Gli obiettivi del corso sono i seguenti:

1. Sviluppare Competenze di Problem Solving Efficaci

L'obiettivo principale del corso è fornire ai partecipanti gli strumenti e le tecniche necessarie per identificare, analizzare e risolvere problemi in modo efficace, attraverso lezioni teoriche ed esercizi pratici, i partecipanti impareranno a:

. Definire chiaramente i problemi.

. Analizzare le cause profonde.

. Generare soluzioni creative.

. Valutare le alternative e scegliere la migliore soluzione.

. Implementare e monitorare le soluzioni.

2. Applicare Principi Cristiani nella Risoluzione dei Problemi

Un aspetto distintivo di questo corso è l'integrazione dei principi cristiani nel processo di problem solving. I partecipanti impareranno a:

. *Cercare la guida divina attraverso la preghiera e la riflessione biblica.*
. *Applicare valori come l'amore, la compassione e l'integrità nelle loro decisioni.*
. *Collaborare con altri membri della comunità con spirito di servizio e umiltà.*
. *Riconoscere e utilizzare i doni spirituali per risolvere problemi in modo più efficace.*

3. Promuovere la Collaborazione e la Comunità

Il problem solving è spesso un processo collaborativo che beneficia del contributo di diverse prospettive. Il corso mira a:

. *Insegnare tecniche di facilitazione per il lavoro di gruppo.*
. *Promuovere un ambiente di rispetto e ascolto reciproco.*
. *Gestire i conflitti in modo costruttivo e pacifico.*
. *Rafforzare i legami all'interno della comunità attraverso la cooperazione e il sostegno reciproco.*

4. Applicare il Problem Solving in Contesti Specifici

I partecipanti avranno l'opportunità di applicare le tecniche di problem solving in vari contesti specifici, sia secolari che cristiani, tra cui:

. Ambito aziendale e professionale.
. Vita quotidiana e gestione familiare.
. Attività e progetti all'interno della chiesa.
. Iniziative sociali e comunitarie.

5. Coltivare il Pensiero Critico e Creativo

Il corso incoraggia lo sviluppo del pensiero critico e creativo, fondamentali per un problem solving efficace. I partecipanti impareranno a:

. Esaminare i problemi da diverse angolazioni.
. Identificare le ipotesi sottostanti e valutarne la validità.
. Generare idee innovative attraverso tecniche come il brainstorming.
. Valutare le soluzioni con un approccio critico e costruttivo.

6. Sviluppare Resilienza e Adattabilità

Affrontare e risolvere problemi richiede anche una buona dose di resilienza e adattabilità. Il corso aiuterà i partecipanti a:

. Gestire lo stress e l'incertezza con una prospettiva di fede.
. Adattarsi ai cambiamenti e alle nuove sfide con flessibilità.
. Imparare dagli errori e dalle esperienze passate per migliorare continuamente.

7. Contribuire al Bene Comune

Infine, uno degli obiettivi principali del corso è formare

individui che utilizzino le loro competenze di problem solving per contribuire al bene comune. In particolare, il corso mira a:

. Ispirare i partecipanti a utilizzare le loro capacità per servire la comunità e il prossimo.
. Promuovere iniziative che migliorino la qualità della vita all'interno della chiesa e della società.
. Testimoniare l'amore di Cristo attraverso azioni concrete di risoluzione dei problemi.

Questo corso è stato progettato per essere una guida pratica e spirituale per tutti coloro che desiderano migliorare le proprie capacità di problem solving e, al contempo, vivere e promuovere i valori cristiani nella loro vita quotidiana e professionale. Speriamo che questo percorso vi aiuti a diventare risolutori di problemi efficaci, capaci di fare la differenza nel mondo che vi circonda.

Capitolo 1
Fondamenti del Problem Solving

Definizione di Problema

Un problema può essere definito come una situazione o condizione che presenta una difficoltà o un ostacolo e che richiede una soluzione per essere risolta o migliorata. Nel contesto secolare, un problema può assumere molte forme, dai dilemmi quotidiani alle sfide professionali complesse. Tuttavia, all'interno di una comunità cristiana, di una chiesa o di un'associazione, un problema non è solo una questione di difficoltà pratica, ma spesso coinvolge aspetti spirituali, relazionali e morali.

La Natura dei Problemi

I problemi possono essere classificati in diversi modi, ma generalmente possono essere suddivisi in due categorie principali:

Problemi Ben Definiti: Questi sono problemi con parametri chiari e soluzioni più facilmente identificabili. Ad esempio, un problema di budget all'interno di una comunità cristiana, dove le entrate non coprono le spese, è un problema ben definito che richiede un'analisi finanziaria e una pianificazione strategica.

Problemi Mal Definiti: Questi sono problemi che non hanno parametri chiari e le cui soluzioni possono essere meno evidenti. Ad esempio, un calo della partecipazione alle attività comunitarie può essere dovuto a una serie di fattori complessi come cambiamenti demografici, mancanza di coinvolgimento, o esigenze non soddisfatte.

Componenti di un Problema

Indipendentemente dal tipo, ogni problema può essere scomposto nelle seguenti componenti:

Situazione Attuale: Descrive lo stato corrente delle cose; nel contesto cristiano, questo potrebbe includere il clima spirituale e relazionale della comunità.

Obiettivo Desiderato: Rappresenta lo stato futuro desiderato; per una chiesa, questo potrebbe essere un ambiente più accogliente e inclusivo o una maggiore partecipazione alle attività di volontariato.

Ostacoli: Sono le barriere che impediscono il raggiungimento dell'obiettivo desiderato; questi possono includere risorse limitate, mancanza di comunicazione, o resistenza al cambiamento.

Identificazione dei Problemi

L'identificazione dei problemi è il primo passo cruciale nel processo di problem solving. In una comunità cristiana, questo processo dovrebbe essere guidato da una combinazione di osservazione attenta, ascolto attivo e discernimento spirituale.

Osservazione Attenta: Essere consapevoli delle dinamiche interne della comunità, come la partecipazione alle attività, il coinvolgimento dei membri, e le relazioni interpersonali.

Ascolto Attivo: Ascoltare con empatia le preoccupazioni e le esigenze dei membri della comunità. Questo può avvenire attraverso incontri di gruppo, sondaggi, o conversazioni informali.

Discernimento Spirituale: Cercare la guida di Dio attraverso la preghiera e la riflessione biblica, chiedere a Dio saggezza per comprendere le vere radici dei problemi e per discernere le soluzioni migliori.

Esempi di Problemi

Ecco alcuni esempi di problemi che potrebbero sorgere all'interno di una comunità cristiana:

Problemi Relazionali: Conflitti tra i membri della chiesa che creano divisioni e tensioni.

La Bibbia ci insegna l'importanza della riconciliazione e della pace (Matteo 5:23-24).

Problemi di Coinvolgimento: Un calo nella partecipazione alle attività della chiesa o al volontariato. Questo può richiedere un'analisi delle esigenze dei membri e una rinnovata strategia di coinvolgimento.

Problemi Finanziari: Insufficienza di fondi per sostenere le attività e i progetti della chiesa; questo richiede una gestione oculata delle risorse e la possibile ricerca di nuove fonti di finanziamento.

Problemi di Comunicazione: Informazioni importanti che

non raggiungono tutti i membri della comunità. È cruciale stabilire canali di comunicazione efficaci e trasparenti.

Definire un problema è il primo passo verso la sua risoluzione; in un contesto cristiano, è essenziale considerare non solo gli aspetti pratici, ma anche quelli spirituali e relazionali. Affrontare i problemi con saggezza, compassione e fede ci permette non solo di trovare soluzioni efficaci, ma anche di rafforzare la nostra comunità e di testimoniare l'amore di Cristo. Con una chiara definizione del problema e una guida divina, possiamo affrontare le sfide con fiducia e determinazione.

Tipologie di problemi

Nel contesto secolare e cristiano, i problemi che possiamo affrontare sono diversi e vari. Riconoscere le diverse tipologie di problemi è fondamentale per adottare l'approccio più appropriato per risolverli. Di seguito sono riportate alcune delle principali tipologie di problemi che possono emergere sia in contesti secolari che all'interno di comunità cristiane, chiese e associazioni.

1. Problemi Tecnici

Definizione: I problemi tecnici sono generalmente ben definiti e hanno soluzioni relativamente chiare e misurabili, questi problemi coinvolgono spesso questio ni logistiche, tecnologiche o operative.

Esempi:

Un sistema audio malfunzionante durante i servizi religiosi. La necessità di aggiornare il sito web della chiesa o dell'associazione.

Gestione delle risorse finanziarie e contabili.

Approccio: Affrontare i problemi tecnici richiede una buona analisi delle cause e l'implementazione di soluzioni pratiche, la collaborazione con esperti tecnici può essere essenziale.

2. Problemi Relazionali

Definizione: I problemi relazionali sorgono quando ci sono conflitti o malintesi tra individui o gruppi. Questi problemi possono minare l'armonia e l'unità all'interno di una comunità.

Esempi:

Conflitti tra membri della comunità o del consiglio della chiesa. Malintesi tra volontari e leader di progetto. Problemi di comunicazione tra diverse generazioni all'interno della chiesa.

Approccio: Affrontare i problemi relazionali richiede empatia, capacità di ascolto attivo e competenze di mediazione. È importante promuovere un ambiente di riconciliazione e perdono, seguendo l'insegnamento di Matteo 18:15-17.

3. Problemi Strategici

Definizione: I problemi strategici riguardano decisioni di lungo termine che influenzano la direzione e la missione di una chiesa o di un'associazione, questi problemi richiedono una visione a lungo termine e una pianificazione attenta.

Esempi:

Decidere se costruire un nuovo edificio per la comunità. Pianificare una campagna di evangelizzazione o un progetto missionario.

Sviluppare un programma di formazione per i nuovi leader della chiesa.

Approccio: Affrontare i problemi strategici richiede una visione chiara, analisi SWOT e il coinvolgimento della comunità. È importante cercare la guida di Dio attraverso la preghiera e il discernimento.

4. Problemi Etici

Definizione: I problemi etici sorgono quando ci sono dilemmi morali o questioni che richiedono una decisione basata sui valori e sui principi cristiani. Questi problemi possono mettere alla prova l'integrità e la fede della comunità.

Esempi:

Decidere come rispondere a comportamenti non etici da parte di un membro della chiesa.

Gestire situazioni di discriminazione o ingiustizia all'interno della comunità.

Affrontare questioni di trasparenza e responsabilità finanziaria.

Approccio: Affrontare i problemi etici richiede una solida base biblica e un confronto aperto.

Consultare le Scritture, pregare per la saggezza e cercare il consiglio di leader spirituali è cruciale per prendere decisioni giuste.

5. Problemi Organizzativi

Definizione: I problemi organizzativi riguardano la struttura, i processi e le dinamiche di gestione all'interno di una chiesa o di un'associazione, questi problemi possono influenzare l'efficienza e l'efficacia delle attività e dei ministeri.

Esempi:

Problemi di gestione del volontariato e delle risorse umane. Difficoltà nella pianificazione e coordinazione di eventi. Sfide nella delegazione di compiti e responsabilità.

Approccio: Affrontare i problemi organizzativi richiede competenze di leadership e management. Implementare strutture chiare, definire ruoli e responsabilità e promuovere una comunicazione efficace sono fondamentali.

6. Problemi di Coinvolgimento e Motivazione

Definizione: Questi problemi sorgono quando i membri della comunità mostrano una bassa partecipazione o mancanza di motivazione nelle attività e nei progetti della chiesa o dell'associazione.

Esempi:

Bassa partecipazione agli incontri di preghiera o ai servizi domenicali o scarso coinvolgimento nei programmi di volontariato. Difficoltà a trovare volontari per nuove iniziative.

Approccio: Affrontare i problemi di coinvolgimento e motivazione richiede comprensione delle esigenze e delle aspettative dei membri. Creare un senso di appartenenza e scopo, fornire opportunità significative di servizio e riconoscere gli sforzi dei volontari sono strategie efficaci.

Riconoscere e classificare le diverse tipologie di problemi è il primo passo per affrontarli in modo efficace. In un contesto cristiano, affrontare i problemi non è solo una questione di trovare soluzioni pratiche, ma anche di rafforzare la fede, promuovere l'unità e servire con amore e compassione. Attraverso la guida divina e l'impegno collaborativo, possiamo trasformare le sfide in opportunità per crescere e testimoniare l'amore di Cristo.

La Mente del Problem Solver
Attitudini e Qualità Necessarie

Un problem solver efficace è dotato di una serie di attitudini e qualità che gli permettono di affrontare e risolvere le sfide in modo efficiente e costruttivo. Queste caratteristiche sono fondamentali sia in contesti secolari che all'interno di comunità cristiane, chiese e associazioni. In questa sezione esploreremo le attitudini e le qualità essenziali che un problem solver deve coltivare, con una particolare enfasi sull'integrazione dei valori cristiani nel processo di risoluzione dei problemi.

1. Fede e Fiducia in Dio

Descrizione: Per un problem solver cristiano, la fede e la fiducia in Dio sono fondamentali. Credere che Dio è sovrano e che guida ogni situazione fornisce una prospettiva di pace e speranza, anche nelle sfide più difficili.

Applicazione: Pregare regolarmente per chiedere saggezza e discernimento (Giacomo 1:5).

Confidare nelle promesse di Dio e rimanere calmi sotto pressione (Proverbi 3:5-6).

Cercare la guida dello Spirito Santo in ogni fase del processo di risoluzione dei problemi.

2. Pensiero Critico e Analitico

Descrizione: Il pensiero critico e analitico consente di esaminare i problemi in profondità, identificare le cause principali e valutare le diverse opzioni disponibili.

Applicazione: Scomporre i problemi in componenti più piccoli per una migliore comprensione.

Utilizzare strumenti di analisi come il diagramma di Ishikawa (fishbone) o i 5 Whys.[1]

Valutare i pro e i contro di ogni possibile soluzione con obiettività.

3. Creatività e Innovazione

Descrizione: La creatività e l'innovazione sono essenziali per trovare soluzioni nuove e efficaci. Questo implica la capacità di pensare fuori dagli schemi e di generare idee originali.

Applicazione: Promuovere il brainstorming[2] e altre tecniche di generazione di idee.

Essere aperti a nuove prospettive e approcci non convenzionali.

Incoraggiare un ambiente che valorizza la creatività e l'innovazione.

---

[1] Il Diagramma di Ishikawa, sviluppato dal professor Kaoru Ishikawa, è uno strumento visivo che aiuta a identificare, esplorare e rappresentare graficamente tutte le possibili cause di un problema. Viene chiamato anche diagramma a lisca di pesce per via della sua forma, che ricorda lo scheletro di un pesce.

[2] Il brainstorming è una tecnica di problem solving creativa che coinvolge un gruppo di persone che si riuniscono per generare un'ampia varietà di idee e soluzioni a un problema specifico. Questo metodo incoraggia la libera espressione di pensieri e promuove un ambiente in cui ogni idea è considerata valida e degna di considerazione, senza giudizi immediati.

4. Empatia e Ascolto Attivo

Descrizione: L'empatia e l'ascolto attivo sono cruciali per comprendere le esigenze e le preoccupazioni degli altri, queste qualità favoriscono relazioni sane e soluzioni che tengono conto del benessere di tutti i coinvolti.

Applicazione: Ascoltare con attenzione le opinioni e le emozioni degli altri senza giudicare.

Dimostrare empatia mettendosi nei panni degli altri e cercando di capire il loro punto di vista.

Creare un ambiente in cui tutti si sentano ascoltati e valorizzati.

5. Perseveranza e Resilienza

Descrizione: La perseveranza e la resilienza permettono di affrontare le sfide con determinazione e di non scoraggiarsi di fronte agli ostacoli. Queste qualità sono particolarmente importanti in situazioni difficili e complesse.

Applicazione: Rimanere motivati e focalizzati sugli obiettivi anche quando le soluzioni non sono immediate.

Imparare dagli errori e considerare i fallimenti come opportunità di crescita.

Affrontare le difficoltà con una mentalità positiva e proattiva.

6. Collaborazione e Spirito di Servizio

Descrizione: Un buon problem solver sa lavorare in

squadra e valorizza il contributo di tutti; nel contesto cristiano, questo significa anche servire gli altri con umiltà e amore, seguendo l'esempio di Gesù.

Applicazione: Promuovere la collaborazione e il lavoro di gruppo, riconoscendo che molte mani rendono il lavoro più leggero (Ecclesiaste 4:9-10).

Offrire supporto e incoraggiamento ai membri del team. Mettere le esigenze degli altri prima delle proprie, come esemplificato in Filippesi 2:3-4.

7. Integrità e Onestà

Descrizione: L'integrità e l'onestà sono fondamentali per guadagnare e mantenere la fiducia degli altri. Queste qualità sono alla base di ogni relazione e decisione etica.

Applicazione: Essere trasparenti nelle proprie azioni e decisioni.

Mantenere la parola data e rispettare gli impegni presi.

Affrontare i problemi etici con fermezza e coerenza, riflettendo i principi biblici.

8. Visione e Pianificazione Strategica

Descrizione: Avere una visione chiara e la capacità di pianificare strategicamente aiuta a orientare gli sforzi verso obiettivi a lungo termine. Questo è essenziale per risolvere problemi complessi e per il progresso continuo.

Applicazione: Stabilire obiettivi chiari e realistici.

Sviluppare piani d'azione dettagliati e monitorare i progressi.

Essere flessibili e adattabili ai cambiamenti di circostanze, mantenendo sempre la visione finale.

Coltivare queste attitudini e qualità rende un problem solver non solo efficace ma anche rispettato e amato all'interno della propria comunità. Integrando i principi cristiani nel problem solving, possiamo affrontare le sfide con una prospettiva di fede e servizio, contribuendo a creare un ambiente di pace, collaborazione e crescita. Che il Signore possa guidarci e benedirci nel nostro impegno a risolvere i problemi in modo che glorifichi Lui e serva il prossimo.

Capitolo 2
Il Processo di Problem Solving

Identificazione e Definizione del Problema

L'identificazione e la definizione del problema rappresentano il primo e fondamentale passo nel processo di problem solving. Questa fase è cruciale poiché una corretta comprensione del problema è essenziale per trovare soluzioni efficaci e pertinenti. Nel contesto di comunità cristiane, chiese e associazioni, è importante considerare non solo gli aspetti pratici, ma anche quelli spirituali, relazionali e morali.

Importanza dell'Identificazione del Problema

Riconoscere un problema in modo preciso permette di:

. *Evitare spreco di risorse su questioni non rilevanti.*

. *Concentrare gli sforzi su ciò che veramente necessita di attenzione.*

. *Creare un consenso all'interno del gruppo sulla natura del problema.*

Passi per l'Identificazione e la Definizione del Problema

Osservazione e Ascolto Attento:

Osservazione: Monitorare attentamente la comunità per notare segni di problemi. Questo può includere cali di partecipazione, feedback negativo o tensioni tra i membri.

Ascolto: Interagire con i membri della comunità per capire le loro preoccupazioni. Creare momenti di ascolto durante le riunioni e incontri personali può aiutare a raccogliere informazioni preziose.

Raccolta delle Informazioni:

Dati Quantitativi: Raccogliere dati statistici rilevanti, come la frequenza degli eventi, la partecipazione ai servizi, le entrate e le uscite finanziarie.

Dati Qualitativi: Ottenere feedback dai membri tramite sondaggi, interviste e gruppi di discussione. In un contesto cristiano, includere domande sul benessere spirituale e relazionale della comunità.

Analisi delle Informazioni:

Identificazione dei Modelli: Cercare schemi ricorrenti nei dati raccolti. Ad esempio, se molti membri segnalano una mancanza di coinvolgimento, potrebbe indicare un problema di comunicazione o di programmazione.

Riflessione Spirituale: Integrare la riflessione biblica e la preghiera nel processo di analisi per discernere la volontà di Dio riguardo al problema.

Chiedere a Dio saggezza e guida (Giacomo 1:5).

Definizione Chiara del Problema:

Descrivere il Problema: Formulare una dichiarazione chiara e concisa del problema. Ad esempio: "La partecipazione alle attività giovanili della chiesa è diminuita del 30% negli ultimi sei mesi."

Identificare le Cause: Usare strumenti come i 5 Whys o il diagramma di Ishikawa per identificare le cause principali del problema. Includere considerazioni spirituali e relazionali.

Coinvolgimento della Comunità:

Discussione Aperta: Coinvolgere i membri della comunità nella discussione del problema per ottenere diverse prospettive e costruire un consenso. Organizzare incontri o forum di discussione.

Collaborazione: Promuovere un approccio collaborativo dove tutti i membri si sentano parte della soluzione, questo rafforza il senso di appartenenza e impegno.

Esempio di Identificazione e Definizione del Problema in un Contesto Cristiano

Immaginiamo una chiesa che nota un calo nella partecipazione alle attività di volontariato. Il processo potrebbe essere il seguente:

Osservazione e Ascolto Attento:

Il consiglio pastorale nota che meno persone partecipano alle attività di volontariato.

Durante le riunioni settimanali, i membri esprimono la loro preoccupazione riguardo alla diminuzione del coinvolgimento.

Raccolta delle Informazioni:

Viene condotto un sondaggio tra i membri per capire le ragioni della mancata partecipazione.

Si raccolgono dati sui tassi di partecipazione passati e presenti.

Analisi delle Informazioni:

I dati mostrano che molti membri trovano difficile conciliare il volontariato con i loro impegni lavorativi e familiari.

Le risposte qualitative indicano una percezione di scarsa comunicazione riguardo alle opportunità di volontariato.

Definizione Chiara del Problema:

Problema: "La partecipazione alle attività di volontariato della chiesa è diminuita del 40% negli ultimi sei mesi."

Cause: "Molti membri trovano difficoltà a conciliare il volontariato con i loro impegni personali; inoltre, la comunicazione delle opportunità di volontariato non è efficace."

Coinvolgimento della Comunità:

Viene organizzato un incontro aperto per discutere i risultati del sondaggio e raccogliere ulteriori suggerimenti.

Si formano gruppi di lavoro per elaborare possibili soluzioni, come la riorganizzazione degli orari delle attività di volontariato e il miglioramento della comunicazione.

L'identificazione e la definizione del problema sono passi fondamentali nel problem solving, specialmente in un contesto cristiano dove la collaborazione e il coinvolgimento della comunità sono essenziali. Approcciare questi passi con attenzione, raccogliendo e analizzando informazioni, e coinvolgendo i membri della comunità attraverso la preghiera e la riflessione biblica, permette di affrontare le sfide in modo efficace e di costruire una comunità più forte e unita.

Analisi delle Cause

Una volta identificato e definito chiaramente il problema, il passo successivo nel processo di problem solving è l'analisi delle cause. Questa fase è cruciale perché una comprensione approfondita delle cause alla radice del problema permette di sviluppare soluzioni efficaci e durature. In un contesto cristiano, questa analisi deve considerare sia fattori pratici che spirituali, sociali e relazionali.

Importanza dell'Analisi delle Cause

L'analisi delle cause permette di:

. *Identificare le vere radici del problema piuttosto che affrontare solo i sintomi superficiali.*

. *Sviluppare soluzioni mirate che possono prevenire la ricomparsa del problema.*

. *Coinvolgere tutte le parti interessate, promuovendo un senso di partecipazione e responsabilità.*

Metodi di Analisi delle Cause

Diagramma di Ishikawa (Fishbone Diagram):

Descrizione: Questo strumento aiuta a identificare e organizzare le cause potenziali di un problema in categorie principali, facilitando la visualizzazione delle relazioni tra causa ed effetto.

Applicazione:

Definire il problema: Scrivere il problema alla fine di una freccia orizzontale.

Identificare le categorie principali: Aggiungere linee diagonali per rappresentare le principali categorie di cause, come Manodopera, Metodi, Macchinari, Materiali, Ambiente e Misure. In un contesto cristiano, potrebbero includere: Comunicazione, Coinvolgimento, Risorse, Struttura Organizzativa e Spiritualità.

Brainstorming delle cause: Sotto ogni categoria, elencare tutte le potenziali cause, basandosi su osservazioni, dati raccolti e input dei membri della comunità.

Tecnica dei 5 Whys:

Descrizione: Questa tecnica semplice ma potente consiste nel chiedere ripetutamente "Perché?" per arrivare alla causa radice di un problema.

Applicazione:

Identificare il problema: Formulare chiaramente il problema.

Chiedere "Perché?": Chiedere perché il problema si è verificato e scrivere la risposta.

Ripetere il processo: Continuare a chiedere "Perché?" per ogni risposta data, generalmente cinque volte,
fino a raggiungere la causa radice.

Analisi SWOT:

Descrizione: Questo metodo esamina (1) i Punti di Forza (Strengths), (2) Debolezze (Weaknesses), (3) Opportuni tà (Opportunities) e (4) Minacce (Threats) relative al problema.

Applicazione:

Identificare i Punti di Forza e le Debolezze: Analizzare i fattori interni che influenzano il problema.

Esaminare le Opportunità e le Minacce: Valutare i fattori esterni che potrebbero avere un impatto.

Esempio di Analisi delle Cause in un Contesto Cristiano

Immaginiamo una chiesa che sta affrontando un calo nella partecipazione alle attività giovanili. Utilizziamo i metodi sopra descritti per analizzare le cause.

Diagramma di Ishikawa:

Definire il problema: "Calo nella partecipazione alle attività giovanili."

Categorie principali: Programmazione, Comunicazione, Coinvolgimento dei genitori, Ambiente, Risorse spirituali.

Cause:

Programmazione: Orari non convenienti, attività non attrattive.

Comunicazione: Scarsa promozione degli eventi, mancanza di canali di comunicazione efficaci.

Coinvolgimento dei genitori: Genitori non incentivano la partecipazione.

Ambiente: Spazi non accoglienti o inadatti.

Risorse spirituali: Manca un pastore giovanile dedicato.

Tecnica dei 5 Whys:

Problema: Calo nella partecipazione alle attività giovanili.

Perché? Perché i giovani non sono interessati alle attività proposte.

Perché? Perché le attività non rispondono ai loro interessi e bisogni.

Perché? Perché non abbiamo coinvolto i giovani nella pianificazione delle attività.

Perché? Perché non abbiamo un processo strutturato per raccogliere feedback.

Perché? Perché non abbiamo dedicato risorse sufficienti a questo aspetto.

Analisi SWOT:

Punti di Forza: Una comunità giovanile esistente e motivata, disponibilità di spazi per attività.

Debolezze: Scarsa comunicazione, attività non attraenti, mancanza di leadership giovanile.

Opportunità: Collaborazione con altre chiese, utilizzo dei social media per promuovere eventi.

Minacce: Competizione con altre attività esterne, disinteresse crescente per le attività religiose.

Coinvolgimento della Comunità nella Analisi delle cause. È essenziale coinvolgere tutta la comunità durante l'analisi delle cause.

Discussioni Aperte: Organizzare riunioni o forum per discutere apertamente le possibili cause dei problemi.

Collaborazione e Feedback: Invitare i membri a condividere le loro opinioni e osservazioni. Utilizzare questionari o sondaggi per raccogliere input.

Preghiera e Discernimento: Integrare momenti di preghiera per chiedere la guida di Dio e il discernimento nello scoprire le vere cause dei problemi.

L'analisi delle cause è un passo critico nel processo di problem solving. Utilizzando strumenti come il Diagramma di Ishikawa, i 5 Whys e l'analisi SWOT, possiamo identificare le radici dei problemi in modo strutturato e approfondito. In un contesto cristiano, questo processo non solo porta a soluzioni efficaci ma rafforza anche la comunità, promuovendo un senso di partecipazione e unità. Affrontare le cause alla radice con saggezza e discernimento permette di costruire una base solida per il futuro, onorando Dio e servendo il prossimo in modo più efficace.

Generazione di Soluzioni

Dopo aver identificato e analizzato le cause di un problema, il passo successivo nel processo di problem solving è la generazione di soluzioni. Questo passo è cruciale perché permette di sviluppare risposte creative e pratiche che affrontano direttamente le radici del problema. In un contesto cristiano, coinvolgere la comunità, incoraggiare la creatività e cercare la guida di Dio sono elementi essenziali per trovare soluzioni efficaci.

Principi per la Generazione di Soluzioni

Creatività e Innovazione: Incoraggiare l'ideazione di soluzioni creative che possano offrire nuovi approcci al problema.

Collaborazione: Coinvolgere diversi membri della comunità per raccogliere una varietà di prospettive e idee.

Preghiera e Discernimento: Cercare la guida di Dio attraverso la preghiera, chiedendo saggezza e discernimento per sviluppare soluzioni che siano in linea con la volontà di Dio.

Tecniche per la Generazione di Soluzioni
Brainstorming:

Descrizione: Un metodo di gruppo per generare un gran

numero di idee in un breve periodo di tempo, senza giudizio immediato.

Applicazione:

Definire chiaramente il problema.

Organizzare una sessione di brainstorming: Invitare un gruppo di persone con diverse prospettive e competenze.

Stabilire regole chiare: Nessuna critica alle idee durante la sessione; tutte le idee sono benvenute.

Registrare tutte le idee: Utilizzare una lavagna o post-it per visualizzare le idee proposte.

Valutare le idee successivamente: Dopo la sessione, valutare e selezionare le idee più promettenti.

Brainwriting:

Descrizione: Una variante del brainstorming dove i partecipanti scrivono le loro idee su carta, invece di esprimerle verbalmente.

Applicazione:

Distribuire fogli di carta ai partecipanti.

Ogni partecipante scrive un'idea: Dopo un certo periodo di tempo, i fogli vengono passati al vicino che aggiunge altre idee o migliora quelle esistenti.

Continuare il processo: Ripetere per più turni.

Raccogliere e valutare le idee: Al termine, tutte le idee vengono raccolte e valutate dal gruppo.

Metodo SCAMPER:

Descrizione: Una tecnica di brainstorming che utilizza

un elenco di domande per stimolare il pensiero creativo. SCAMPER è un acronimo per Sostituire, Combinare, Adattare, Modificare, Mettere a un altro uso, Eliminare, e Rovesciare.

Applicazione:

Sostituire: Cosa possiamo sostituire nel nostro approccio attuale?

Combinare: Quali elementi possiamo combinare per creare una soluzione nuova?

Adattare: Come possiamo adattare qualcosa che già funziona altrove al nostro problema?

Modificare: Cosa possiamo modificare per migliorare la situazione?

Mettere a un altro uso: Come possiamo usare in modo diverso le risorse attuali?

Eliminare: Cosa possiamo eliminare per semplificare la soluzione?

Rovesciare: Come possiamo rovesciare la situazione attuale per trovare una nuova prospettiva?

Esempio di Generazione di Soluzioni in un Contesto Cristiano

Immaginiamo che una chiesa stia cercando di aumentare la partecipazione alle attività giovanili. Ecco come potrebbe svolgersi il processo di generazione di soluzioni:

Brainstorming:

Definire il problema: "Come possiamo aumentare la

partecipazione alle attività giovanili della chiesa?"

Organizzare una sessione di brainstorming: Invitare giovani, genitori e leader della chiesa.

Stabilire regole: Nessuna critica; tutte le idee sono benvenute.

Generare idee: Proposte come organizzare serate di gioco, creare gruppi di studio biblico per giovani, pianificare escursioni, e utilizzare i social media per promuovere le attività.

Valutare le idee: Dopo la sessione, il gruppo esamina le idee e sceglie quelle più praticabili.

Brainwriting:

Distribuire fogli di carta: Ogni partecipante scrive un'idea su come migliorare l'attrattiva delle attività giovanili.

Passare i fogli: Dopo un periodo di tempo, i fogli vengono passati al vicino che aggiunge nuove idee o migliora quelle esistenti.

Raccogliere e valutare le idee: Le idee vengono raccolte e discusse dal gruppo.

Applicare metodo SCAMPER al problema

Sostituire: Potremmo sostituire le attività attuali con attività più in linea con gli interessi dei giovani?

Combinare: Possiamo combinare attività spirituali con attività ricreative?

Adattare: Come possiamo adattare programmi di successo di altre chiese?

Modificare: Possiamo modificare l'orario delle attività

per renderle più accessibili?

Mettere a un altro uso: Come possiamo utilizzare i social media in modo più efficace per coinvolgere i giovani?

Eliminare: Cosa possiamo eliminare che potrebbe essere visto come noioso o poco attraente dai giovani?

Rovesciare: Possiamo rovesciare la dinamica delle attività, dando più voce ai giovani nella pianificazione?

Coinvolgimento della Comunità e Preghiera

È essenziale coinvolgere la comunità e cercare la guida di Dio durante la generazione di soluzioni:

Discussioni Aperte: Organizzare incontri per discutere apertamente le idee generate.

Collaborazione: Incoraggiare la partecipazione attiva di tutti i membri della comunità, assicurando che ognuno si senta ascoltato e valorizzato.

Preghiera: Integrare momenti di preghiera per chiedere la saggezza divina e discernere le migliori soluzioni; chiedere a Dio di benedire le idee e di guidare i pensieri e le azioni del gruppo.

La generazione di soluzioni è un passo cruciale nel processo di problem solving. Utilizzando tecniche come il brainstorming, il brainwriting e il metodo SCAMPER, possiamo sviluppare soluzioni creative e praticabili. In un contesto cristiano, è fondamentale integrare la preghiera e il discernimento spirituale per assicurarsi che le soluzioni siano in linea con la volontà di Dio e promuovano il benessere della comunità.

Coinvolgere attivamente la comunità nel processo di generazione di soluzioni non solo aumenta la qualità delle idee, ma rafforza anche i legami e il senso di appartenenza tra i membri.

Valutazione e Scelta delle Soluzioni

Una volta generate diverse soluzioni a un problema, il passo successivo è valutare e scegliere quelle che sono più efficaci e praticabili. Questa fase richiede discernimento, collaborazione e un approccio metodico per garantire che le soluzioni selezionate non solo risolvano il problema, ma siano anche in linea con i valori e gli obiettivi della comunità.

Principi per la Valutazione delle Soluzioni

Pertinenza e Efficacia: Le soluzioni devono essere rilevanti per il problema e capaci di affrontare le cause alla radice.

Fattibilità: Le soluzioni devono essere realistiche e attuabili con le risorse disponibili.

Impatto: Valutare l'impatto positivo che le soluzioni avranno sulla comunità.

Allineamento con i Valori Cristiani: Le soluzioni devono riflettere i principi e i valori cristiani, promuovendo l'amore, la giustizia e la compassione.

Passi per la Valutazione e la Scelta delle Soluzioni
Raccolta di Feedback:

Coinvolgimento della Comunità: Presentare le soluzioni generate alla comunità per raccogliere feedback. Organizzare incontri, sondaggi o discussioni di gruppo per ascoltare le opinioni dei membri.

Preghiera e Discernimento: Integrare momenti di preghiera per chiedere la guida divina nella valutazione delle soluzioni. Cercare il discernimento dello Spirito Santo per identificare la soluzione migliore.

Criteri di Valutazione:

Efficacia: Quanto bene la soluzione affronta il problema e le sue cause radice?

Fattibilità: La soluzione è praticabile con le risorse e il tempo disponibili?

Sostenibilità: La soluzione è sostenibile nel lungo periodo?

Impatto: Qual è l'impatto potenziale sulla comunità? Come influenzerà la vita spirituale e relazionale dei membri?

Allineamento con i Valori Cristiani: La soluzione promuove i valori cristiani e il benessere spirituale della comunità?

Analisi dei Pro e dei Contro:

Vantaggi e Svantaggi: Fare un'analisi dettagliata dei pro e dei contro di ciascuna soluzione e considerare gli aspetti pratici, etici e relazionali.

Scenario Worst-Case: Valutare i potenziali rischi e preparare piani di mitigazione. Cosa potrebbe andare storto e come affrontarlo?

Decisione Collaborativa:

Discussione Aperta: Organizzare riunioni per discutere le soluzioni valutate con i membri chiave della comunità.

Assicurarsi che tutte le voci siano ascoltate.

Voto o Consenso: Decidere se adottare un approccio di voto democratico o cercare un consenso unanime. In una comunità cristiana, è importante promuovere l'unità e l'armonia.

Piano di Implementazione:

Pianificazione: Una volta scelta la soluzione, sviluppare un piano dettagliato per la sua implementazione e definire: obiettivi, tempistiche, responsabilità e risorse necessarie.

Comunicazione: Comunicare chiaramente la decisione e il piano di implementazione a tutta la comunità. Assicurarsi che tutti siano informati e coinvolti nel processo.

Esempio di Valutazione e Scelta delle Soluzioni

Immaginiamo che una chiesa abbia generato diverse soluzioni per aumentare la partecipazione alle attività giovanili. Ecco come potrebbe svolgersi il processo di valutazione e scelta delle soluzioni:

Raccolta di Feedback:

Presentare le soluzioni proposte (serate di gioco, gruppi di studio biblico, escursioni, utilizzo dei social media) alla comunità giovanile e ai genitori.

Organizzare incontri di preghiera per chiedere la guida divina nella scelta della soluzione migliore.

Criteri di Valutazione:

Efficacia: Le serate di gioco e i gruppi di studio biblico rispondono meglio agli interessi dei giovani.

Fattibilità: Utilizzare i social media è praticabile con le risorse attuali, mentre organizzare escursioni richiede più tempo e coordinazione.

Sostenibilità: I gruppi di studio biblico possono essere sostenibili nel lungo periodo con la giusta leadership.

Impatto: Le serate di gioco possono avere un grande impatto iniziale, ma i gruppi di studio biblico possono avere un impatto spirituale duraturo.

Allineamento con i Valori Cristiani: Tutte le soluzioni promuovono la crescita spirituale, ma i gruppi di studio biblico riflettono maggiormente l'insegnamento cristiano.

Analisi dei Pro e dei Contro:

Serate di gioco:

Pro: Attirano facilmente i giovani, promuovono la socializzazione.

Contro: Potrebbero mancare di profondità spirituale.

Gruppi di studio biblico:

Pro: Favoriscono la crescita spirituale, promuovono l'apprendimento della Bibbia.

Contro: Richiedono impegno e una buona guida.

Escursioni:

Pro: Offrono esperienze significative, promuovono la comunità.

Contro: Richiedono più risorse e pianificazione.

Utilizzo dei social media:

Pro: Ampia portata, facilita la comunicazione.

Contro: Potrebbe non garantire un coinvolgimento profondo.

Decisione Collaborativa:

Organizzare un incontro con i leader giovanili, i genitori e i giovani stessi per discutere le soluzioni.

Votare o raggiungere un consenso sulle soluzioni da implementare, considerando anche la guida ricevuta durante la preghiera.

Piano di Implementazione:

Scegliere di iniziare con serate di gioco per attirare i giovani e introdurre gradualmente i gruppi di studio biblico per una crescita spirituale sostenibile.

Definire un piano per l'utilizzo dei social media per promuovere le attività.

Comunicare il piano alla comunità tramite riunioni, newsletter e social media.

La valutazione e la scelta delle soluzioni sono passi cruciali nel processo di problem solving. Utilizzando criteri di valutazione chiari, raccogliendo feedback dalla comunità e cercando la guida di Dio, possiamo selezionare soluzioni che non solo risolvono i problemi ma anche promuovono il benessere spirituale e relazionale della comunità. In un contesto cristiano, è fondamentale che le soluzioni riflettano i valori del Vangelo e rafforzino l'unità della comunità. Con un approccio collaborativo e metodico, possiamo affrontare le sfide in modo efficace e armonioso, onora do Dio e servendo il prossimo.

55

Implementazione delle Soluzioni

Una volta selezionata la soluzione più promettente, il passo successivo nel processo di problem solving è l'implementazione. Questa fase è cruciale per tradurre le idee in azioni concrete e per assicurarsi che le soluzioni scelte abbiano l'impatto desiderato. In questa sezione, esploreremo le strategie e le tecniche per implementare efficacemente le soluzioni, con un'attenzione particolare all'ambiente delle chiese e delle comunità cristiane.

Importanza dell'implementazione delle soluzioni

Implementare correttamente una soluzione è essenziale per diverse ragioni:

Efficacia: Garantisce che la soluzione risolva effettivamente il problema identificato.

Sostenibilità: Assicura che la soluzione sia mantenuta nel tempo e che i benefici siano duraturi.

Accettazione: Coinvolge e ottiene il supporto delle parti interessate, fondamentale in contesti comunitari come le chiese.

Passi per l'implementazione delle soluzioni

Pianificazione dettagliata

Definire obiettivi chiari: Stabilire obiettivi specifici e misurabili che la soluzione deve raggiungere.

Sviluppare un piano d'azione: Creare un piano dettagliato

che includa le attività da svolgere, le risorse necessarie, le tempistiche e le responsabilità.

Coinvolgimento delle parti interessate

Comunicare il piano: Informare tutte le parti interessate sul piano d'azione, spiegando il problema, la soluzione scelta e i benefici attesi.

Ottenere il supporto: Assicurarsi che tutti i membri della comunità, inclusi i leader della chiesa, i volontari e i fedeli, siano coinvolti e supportino l'implementazione.

Gestione delle risorse

Assegnare risorse: Identificare e allocare le risorse necessarie (finanziarie, umane, materiali) per l'implementazione della soluzione.

Formare il personale: Fornire la formazione e il supporto necessari ai membri della comunità coinvolti nell'implementazione.

Monitoraggio e adattamento

Monitorare i progressi: Tenere traccia dei progressi rispetto al piano d'azione, utilizzando indicatori di performance chiari.

Adattare il piano: Essere pronti a modificare il piano d'azione in base ai feedback e alle circostanze mutevoli.

Tecniche per l'implementazione delle soluzioni
Diagramma di Gantt

Descrizione: Uno strumento di gestione dei progetti che rappresenta graficamente le attività programmate su una timeline.

Applicazione: Utilizza il diagramma di Gantt per pianificare e visualizzare le fasi dell'implementazione, assegnando tempi e responsabili a ciascuna attività.

Esempio: Per un progetto di ristrutturazione della chiesa, il diagramma di Gantt potrebbe includere attività come la raccolta fondi, l'approvvigionamento dei materiali, e le fasi di costruzione.

Checklist di controllo

Descrizione: Un elenco di attività da completare per assicurarsi che tutti i passaggi necessari siano stati eseguiti.

Applicazione: Creare una checklist per monitorare il progresso delle attività e garantire che nulla venga trascurato.

Esempio: Per organizzare un evento comunitario, una checklist potrebbe includere attività come la prenotazione del locale, l'invito dei partecipanti, la preparazione del materiale informativo e la gestione del catering.

Riunioni di aggiornamento

Descrizione: Riunioni regolari per discutere i progressi, risolvere i problemi emergenti e mantenere tutti allineati sugli obiettivi.

Applicazione: Pianifica riunioni settimanali o mensili con il team di implementazione per rivedere lo stato del progetto e apportare eventuali correzioni.

Esempio: Durante l'implementazione di un nuovo programma di assistenza sociale nella comunità, le riunioni di aggiornamento possono aiutare a coordinare i volontari, monitorare l'efficacia del programma e adattare le attività in base ai feedback ricevuti.

Pilotaggio e test

Descrizione: Implementazione iniziale su piccola scala per testare l'efficacia della soluzione prima di un rollout completo.

Applicazione: Avvia un progetto pilota per valutare l'impatto e raccogliere feedback, apportando
eventuali modifiche necessarie prima della piena implementazione.

Esempio: Prima di lanciare un nuovo programma di discepolato, potrebbe essere utile testarlo con un piccolo gruppo di partecipanti per raccogliere feedback e ottimizzare il programma.

Esempi di implementazione delle soluzioni

Esempio comunitario: Migliorare la comunicazione nella chiesa

Problema: La comunicazione interna tra i membri della chiesa è inefficace, causando disorganizzazione e malin tesi.

Soluzione scelta: Implementare un sistema di gestione delle comunicazioni digitali (ad esempio, una piattaforma online o un'app mobile).

Pianificazione dettagliata

Obiettivi: Migliorare la rapidità e la chiarezza delle comunicazioni.

Piano d'azione: Selezione della piattaforma, formazione dei membri, lancio del sistema.

Coinvolgimento delle parti interessate

Comunicazione: Informare i membri della chiesa sull'introduzione del nuovo sistema e sui benefici attesi.

Supporto: Coinvolgere i leader della chiesa e i membri influenti per promuovere l'adozione del sistema.

Gestione delle risorse

Risorse: Budget per l'acquisto della piattaforma, tempo per la formazione.

Formazione: Sessioni di training per insegnare ai membri come utilizzare la nuova piattaforma.

Monitoraggio e adattamento

Monitoraggio: Verifica regolare dell'uso della piattaforma e raccolta di feedback.

Adattamento: Aggiustamenti basati sui feedback, come miglioramenti nell'usabilità o l'aggiunta di nuove funzionalità.

Esempio personale: Migliorare il bilanciamento lavoro-vita privata

Problema: Stress cronico e difficoltà nel gestire il tempo tra lavoro e vita privata.

Soluzione scelta: Stabilire limiti chiari tra lavoro e tempo personale.

Pianificazione dettagliata

Obiettivi: Ridurre lo stress e migliorare il bilanciamento tra lavoro e vita privata.

Piano d'azione: Definire orari di lavoro fissi, creare un programma settimanale, dedicare tempo alle attività personali e familiari.

Coinvolgimento delle parti interessate

Comunicazione: Informare i colleghi e i familiari sui nuovi orari e chiedere il loro supporto.

Supporto: Chiedere feedback periodico per assicurarsi che i nuovi limiti siano rispettati.

Gestione delle risorse

Risorse: Strumenti di gestione del tempo (ad esempio, app per il calendario), supporto familiare.

Formazione: Autodisciplina e formazione su tecniche di gestione del tempo.

Monitoraggio e adattamento

Monitoraggio: Controllo regolare dello stress e del

bilanciamento tra lavoro e vita privata.

Adattamento: Modifiche al programma settimanale in base alle necessità emergenti.

L'implementazione delle soluzioni è una fase critica che richiede pianificazione, coordinamento e monitoraggio attento. In contesti comunitari come le chiese, è particolarmente importante coinvolgere
tutte le parti interessate e garantire che le risorse siano gestite efficacemente. Nei capitoli successivi, esploreremo come monitorare l'efficacia delle soluzioni implementate e come apportare eventuali correzioni per garantire che il problema sia risolto in modo sostenibile e duraturo.

Monitoraggio e Revisione

Il monitoraggio e la revisione sono fasi essenziali nel processo di problem solving che assicurano l'efficacia delle soluzioni implementate. In un contesto cristiano, come una chiesa, queste fasi aiutano a garantire che le soluzioni non solo risolvano i problemi iniziali, ma continuino a soddisfare i bisogni della comunità nel lungo periodo.

Importanza del Monitoraggio e della Revisione

Valutazione dell'Efficacia: Assicurare che le soluzioni stiano effettivamente risolvendo il problema.

Adattamento e Miglioramento: Apportare modifiche alle soluzioni in base ai feedback e alle osservazioni.

Trasparenza e Responsabilità: Mantenere la comunità informata sui progressi e garantire che le risorse siano utilizzate in modo responsabile.

Crescita Continua: Promuovere una cultura di miglioramento continuo, riflettendo sui successi e imparando dai fallimenti.

Passi per il Monitoraggio e la Revisione
Definire Indicatori di Performance:

Criteri di Valutazione: Stabilire criteri specifici per misurare il successo delle soluzioni, questi criteri possono includere metriche quantitative (es. aumento della partecipazione) e qualitative (es. feedback dei membri).

Obiettivi Specifici: Definire obiettivi chiari e raggiungibili per le soluzioni implementate, questi obiettivi dovrebbero essere allineati con i valori e le missioni della comunità.

Raccolta di Dati:

Metodi di Raccolta: Utilizzare sondaggi, interviste, osservazioni dirette e dati statistici per raccogliere informazioni sul funzionamento delle soluzioni.

Feedback Continuo: Creare canali di comunicazione aperti per raccogliere feedback continuo dai membri della comunità. Questo può includere riunioni regolari, forum di discussione e strumenti online.

Analisi dei Dati:

Valutazione dei Progressi: Confrontare i dati raccolti con gli obiettivi stabiliti per valutare i progressi.

Identificazione delle Aree di Miglioramento: Analizzare i dati per identificare eventuali aree in cui le soluzioni possono essere migliorate.

Revisione delle Soluzioni:

Adattamento: Apportare modifiche alle soluzioni basate sui risultati dell'analisi; questo può includere l'ottimizzazione dei processi, l'aggiunta di nuove risorse o la modifica delle strategie.

Documentazione: Documentare le modifiche apportate e i motivi di tali cambiamenti per future referenze e per garantire la trasparenza.

Coinvolgimento della Comunità:

Comunicazione dei Progressi: Informare la comunità sui progressi delle soluzioni e sui cambiamenti apportati. Utilizzare riunioni, newsletter e social media per mantenere tutti informati.

Partecipazione Attiva: Incoraggiare la partecipazione attiva della comunità nel processo di monitoraggio e revisione. Questo promuove il senso di appartenenza e responsabilità.

Preghiera e Riflessione:

Discernimento Spirituale: Integrare momenti di preghiera e riflessione per cercare la guida di Dio durante il monitoraggio e la revisione delle soluzioni. Chiedere la saggezza a Dio per prendere decisioni informate e giuste.

Riflessione Biblica: Utilizzare principi biblici per guidare il processo di revisione, assicurandosi che le soluzioni rimangano allineate con i valori cristiani.

Esempio di Monitoraggio e Revisione

Immaginiamo che una chiesa abbia implementato nuove attività giovanili per aumentare la partecipazione. Ecco come potrebbe svolgersi il processo di monitoraggio e revisione:

Definire Indicatori di Performance:

Criteri di Valutazione: Numero di partecipanti alle attività giovanili, feedback dei giovani e dei genitori, livello di coinvolgimento durante le attività.

Obiettivi Specifici: Aumentare la partecipazione giovanile del 20% nei prossimi sei mesi.

Raccolta di Dati:

Metodi di Raccolta: Distribuire questionari ai partecipanti, osservare le attività, raccogliere feedback verbale durante incontri informali.

Feedback Continuo: Creare un gruppo di discussione online per i giovani per facilitare la comunicazione continua.

Analisi dei Dati:

Valutazione dei Progressi: Confrontare i dati di partecipazione e il feedback con gli obiettivi stabiliti.

Identificazione delle Aree di Miglioramento: Notare se ci sono attività meno popolari e capire perché.

Revisione delle Soluzioni:

Adattamento: Modificare le attività meno popolari, introdurre nuove attività basate sui suggerimenti ricevuti.

Documentazione: Tenere un registro delle modifiche apportate e dei motivi dietro di esse.

Coinvolgimento della Comunità:

Comunicazione dei Progressi: Utilizzare la newsletter della chiesa e le riunioni giovanili per informare tutti dei progressi e delle modifiche.

Partecipazione Attiva: Invitare i giovani a partecipare attivamente nel processo di monitoraggio, magari creando un comitato giovanile.

Preghiera e Riflessione:

Discernimento Spirituale: Organizzare momenti di preghiera con i leader giovanili per cercare la guida di Dio.

Riflessione Biblica: Discutere principi biblici pertinenti, come l'importanza della comunità e del servizio, durante le riunioni di revisione.

Il monitoraggio e la revisione delle soluzioni sono passi fondamentali per garantire che i problemi vengano risolti in modo efficace e sostenibile. In un contesto cristiano, questi passi devono essere integrati con la preghiera e il discernimento spirituale per assicurare che le soluzioni non solo siano efficaci, ma riflettano anche i valori e gli obiettivi della comunità.

Coinvolgendo attivamente la comunità nel processo di monitoraggio e revisione, possiamo promuovere una cultura di trasparenza, responsabilità e miglioramento continuo, onorando Dio e servendo il prossimo in modo più efficace.

Capitolo 3
Tecniche di Problem Solving

Brainstorming e Tecniche Creative

La generazione di idee innovative e soluzioni efficaci è essenziale per risolvere i problemi in qualsiasi contesto, che sia secolare o cristiano. Questo capitolo esplora diverse tecniche di problem solving creativo, con un'enfasi particolare su come queste possono essere applicate all'interno di comunità cristiane o associazioni.

1. Brainstorming

Descrizione: Il brainstorming è una tecnica di gruppo che incoraggia la generazione di idee in modo libero e senza giudizi immediati, è un metodo ideale per raccogliere una vasta gamma di soluzioni potenziali a un problema.

Applicazione

Preparazione: Definire chiaramente il problema e organizzare un gruppo di persone con diverse prospettive e competenze.

Sessione di Brainstorming: Stabilire regole chiare, nessuna critica durante la generazione di idee; tutte le idee sono valide.

Raccolta delle Idee: Utilizzare una lavagna, post-it o uno strumento digitale per registrare tutte le idee proposte.

Valutazione Successiva: Dopo la sessione, analizzare e valutare le idee per identificare quelle più promettenti.

Esempio: Una chiesa vuole aumentare la partecipazione alle attività domenicali. Durante una sessione di brainstorming, i membri propongono idee come: organizzare pranzi comunitari dopo il servizio, creare un gruppo di studio biblico per giovani, migliorare la comunicazione degli eventi sui social media.

2. Brainwriting

Descrizione: Il brainwriting è una variante del brainstorming in cui i partecipanti scrivono le loro idee su carta anziché esprimerle verbalmente. Questo metodo può essere particolarmente utile per coinvolgere persone più introverse.

Applicazione

Preparazione: Definire chiaramente il problema. Distribuire fogli di carta e penne ai partecipanti.

Scrittura delle Idee: Ogni partecipante scrive una o più idee su un foglio. Dopo un periodo di tempo, i fogli vengono passati al vicino, che aggiunge nuove idee o migliora quelle esistenti.

Raccolta e Discussione: Al termine del processo, tutte le idee vengono raccolte e discusse dal gruppo.

Esempio: Un'associazione cristiana vuole sviluppare nuovi programmi di volontariato. Durante una sessione di brainwriting, i partecipanti propongono idee come: organizzare visite agli anziani, avviare un programma di tutoraggio per bambini, creare un gruppo di supporto per famiglie in difficoltà.

3. Metodo SCAMPER

Descrizione: SCAMPER è un acronimo per Sostituire, Combinare, Adattare, Modificare, Mettere a un altro uso, Eliminare e Rovesciare. Questa tecnica stimola la creatività ponendo domande specifiche che aiutano a vedere il problema da diverse angolazioni.

Applicazione

Sostituire: Cosa possiamo sostituire nel nostro approccio attuale? (es. Sostituire un'attività di gruppo con un'attività individuale)

Combinare: Quali elementi possiamo combinare per creare una soluzione nuova? (es. Combinare uno studio biblico con attività di volontariato)

Adattare: Come possiamo adattare qualcosa che già funziona altrove al nostro problema? (es. Adattare un modello di successo di un'altra chiesa)

Modificare: Cosa possiamo modificare per migliorare la situazione? (es. Modificare gli orari delle attività per renderle più accessibili)

Mettere a un altro uso: Come possiamo usare in modo diverso le risorse attuali? (es. Utilizzare la sala della chiesa per attività comunitarie durante la settimana)

Eliminare: Cosa possiamo eliminare per semplificare la soluzione? (es. Eliminare passaggi non necessari in un processo)

Rovesciare: Come possiamo rovesciare la situazione attuale per trovare una nuova prospettiva? (es. Cambiare il format di un evento per renderlo più attraente)

Esempio: Una chiesa vuole migliorare il programma delle lezioni di catechismo. Utilizzando SCAMPER, i partecipanti propongono di sostituire le lezioni tradizionali con attività pratiche, combinare le lezioni con gite educative, adattare programmi di successo di altre comunità, ed eliminare parti del programma che non riscuotono interesse tra i bambini.

4. Mind Mapping

Descrizione: Il mind mapping è una tecnica visiva che aiuta a organizzare le idee in modo strutturato. Consente di vedere le relazioni tra diverse idee e di esplorare il problema in modo più approfondito.

Applicazione

Creazione della Mappa: Scrivere il problema al centro di una pagina e disegnare rami che rappresentano diverse categorie di soluzioni.

Espansione delle Idee: Aggiungere sotto-rami con idee specifiche per ogni categoria, continuare a espandere la mappa finché non sono state esplorate tutte le possibili soluzioni.

Analisi e Sintesi: Analizzare la mappa per identificare le soluzioni più promettenti e sintetizzare le idee in un piano d'azione.

Esempio: Un'associazione cristiana sta cercando di sviluppare nuove attività per coinvolgere i membri della comunità. Utilizzando una mappa mentale, scrivono "Attività Comunitarie" al centro e disegnano rami per categorie come "Eventi Sociali", "Attività di Volontariato", "Programmi Educativi", e "Eventi Spirituali". Sotto "Eventi Sociali", aggiungono sotto-rami per idee come "Picnic Comunitari", "Serate di Film", e "Cene a Tema". Questo processo aiuta a visualizzare e organizzare le idee in modo chiaro e strutturato.

5. Six Thinking Hats

Descrizione: La tecnica dei Six Thinking Hats, (Sei cappelli pensanti) sviluppata da Edward de Bono, incoraggia i partecipanti a guardare il problema da sei diverse prospettive, rappresentate da sei cappelli di colori diversi: bianco (fatti e dati), rosso (emozioni e sentimenti), nero (giudizio e cautela), giallo (positività e benefici), verde (creatività e nuove idee), e blu (gestione del processo).

Applicazione

Introduzione: Spiegare la funzione di ciascun cappello ai partecipanti.

Applicazione dei Cappelli: Indossare un cappello alla volta e discutere il problema o la soluzione dalla prospettiva corrispondente.

Rotazione dei Cappelli: Passare attraverso tutti i cappelli per ottenere una visione completa e bilanciata del problema e delle soluzioni.

Esempio: Una chiesa vuole trovare modi per migliorare l'accoglienza dei nuovi membri. Utilizzando i Six Thinking Hats, il gruppo discute i dati (bianco), esprime le proprie emozioni sull'attuale programma di accoglienza (rosso), valuta i rischi di nuove idee (nero), esplora i benefici delle nuove proposte (giallo), genera idee creative per migliorare l'accoglienza (verde), e organizza il processo di implementazione (blu).

6. SWOT Analysis

Descrizione: La SWOT Analysis è uno strumento strategico utilizzato per identificare i punti di forza (Strengths), debolezze (Weaknesses), opportunità (Opportunities) e minacce (Threats) relative a un problema o a una situazione.

Applicazione

Identificazione dei Fattori Interni: Elencare i punti di forza e le debolezze della comunità o dell'organizzazione in relazione al problema.

Analisi dei Fattori Esterni: Identificare le opportunità e le minacce che l'ambiente esterno presenta.

Strategie di Azione: Sviluppare strategie che sfruttino i

punti di forza e le opportunità, e che mitighino le debolezze e le minacce.

Esempio: Un'associazione cristiana vuole avviare un nuovo programma di mentoring. Utilizzando la SWOT Analysis, identificano i punti di forza (volontari appassionati e competenti), le debolezze (mancanza di risorse finanziarie), le opportunità (collaborazioni con scuole locali), e le minacce (concorrenza con altri programmi di mentoring).

Le tecniche di problem solving creativo, come il brainstorming, il brainwriting, il metodo SCAMPER, il mind mapping, i Six Thinking Hats e la SWOT Analysis, sono strumenti potenti per generare e valutare soluzioni innovative. In un contesto cristiano, è importante integrare questi strumenti con momenti di preghiera e discernimento spirituale per assicurarsi che le soluzioni proposte siano allineate con i valori e gli obiettivi della comunità. Coinvolgere attivamente i membri della comunità nel processo di problem solving non solo arricchisce la qualità delle soluzioni, ma promuove anche un senso di unità e cooperazione. Attraverso l'uso di queste tecniche, le comunità cristiane possono affrontare le sfide in modo creativo ed efficace, onorando Dio e servendo il prossimo.

Diagrammi di Flusso e Mappe Mentali

Nell'affrontare problemi complessi, è essenziale utilizzare strumenti visivi che aiutino a organizzare, analizzare e comunicare informazioni. Diagrammi di flusso e mappe mentali sono due tecniche potenti che possono essere utilizzate sia in contesti secolari che cristiani, come comunità, chiese e associazioni, per facilitare la comprensione e la risoluzione dei problemi.

1. Diagrammi di Flusso

Descrizione: Un diagramma di flusso è uno strumento visivo che rappresenta i passaggi sequenziali di un processo o di un sistema. Utilizzando simboli standardizzati e frecce, i diagrammi di flusso aiutano a visualizzare le fasi di un processo, identificare punti critici e migliorare l'efficienza.

Applicazione

Definire il Processo: Identificare chiaramente il processo o il problema da mappare.

Simboli Standardizzati: Utilizzare simboli standard come rettangoli (attività o passaggi), rombi (decisioni), ovali (inizio o fine), e frecce (flusso di controllo).

Creazione del Diagramma: Disegnare il diagramma partendo dall'inizio del processo, seguendo il flusso delle attività e delle decisioni fino alla conclusione.

Esempio: Un'associazione cristiana vuole migliorare il processo di registrazione per gli eventi comunitari. Creare un diagramma di flusso che inizia con l'invio dell'invito, seguito dalla registrazione online, la conferma della partecipazione, la gestione delle richieste speciali e la conferma finale della lista dei partecipanti.

Benefici

Chiarezza e Trasparenza: Aiuta a chiarire ogni passaggio del processo, rendendo evidente dove potrebbero sorgere problemi.

Efficienza: Identifica passaggi ridondanti o inefficienti che possono essere migliorati o eliminati.

Comunicazione: Fornisce un mezzo chiaro e visivo per comunicare processi complessi ai membri della comunità.

2. Mappe Mentali

Descrizione: Una mappa mentale è uno strumento visivo che organizza informazioni intorno a un concetto centrale, utilizzando rami per rappresentare idee e sotto-idee correlate. Le mappe mentali stimolano il pensiero creativo e aiutano a vedere connessioni tra diversi elementi.

Applicazione

Concetto Centrale: Scrivere il problema o l'idea centrale al centro della pagina.

Rami Principali: Disegnare rami principali che si

diramano dal centro per rappresentare categorie o temi principali.

Sotto-Rami: Aggiungere sotto-rami per espandere ulteriormente le idee o le informazioni collegate ai rami principali.

Utilizzo di Colori e Immagini: Utilizzare colori, simboli e immagini per rendere la mappa più vivida e facile da comprendere.

Esempio: Una chiesa vuole sviluppare un nuovo programma di formazione per i volontari. Creare una mappa mentale con "Formazione Volontari" al centro. Rami principali potrebbero includere "Reclutamento", "Materiali Didattici", "Sessioni di Formazione", "Valutazione e Feedback", e "Supporto Continuo". Sotto "Materiali Didattici", si potrebbero aggiungere sotto-rami per "Manuali", "Video", e "Workshop".

Benefici

Organizzazione delle Idee: Aiuta a organizzare pensieri complessi in una struttura visiva e logica.

Creatività: Stimola il pensiero creativo e la generazione di nuove idee attraverso connessioni visive.

Memoria e Comprensione: Facilita la memorizzazione e la comprensione delle informazioni grazie all'uso di immagini e colori.

Utilizzo in Contesti Cristiani

Diagrammi di Flusso: In una comunità cristiana, i diagrammi di flusso possono essere utilizzati per migliorare i processi organizzativi e amministrativi. Ad **esempio:**

Processo di Accoglienza dei Nuovi Membri: Creare un diagramma di flusso per illustrare i passaggi dall'accoglienza iniziale alla piena integrazione nella comunità.

Organizzazione degli Eventi: Visualizzare i passaggi necessari per pianificare e realizzare eventi comunitari, come ritiri spirituali o attività di volontariato.

Mappe Mentali: Le mappe mentali possono essere utilizzate per sviluppare programmi e progetti all'interno della chiesa. Ad esempio:

Pianificazione di un Programma di Discepolato: Utilizzare una mappa mentale per organizzare i vari elementi del programma, come obiettivi, contenuti

dei corsi, metodi di insegnamento, e attività pratiche.

Sviluppo di Iniziative Comunitarie: Mappare le idee per nuove iniziative di servizio alla comunità, identificando risorse, partner e strategie di implementazione.

Esempio di Applicazione Integrata

Immaginiamo una chiesa che sta pianificando un grande evento comunitario, come una fiera della salute. Ecco come potrebbe utilizzare entrambi gli strumenti:

Mappa Mentale per la Pianificazione

Concetto Centrale: "Fiera della Salute"

Rami Principali: "Attività", "Volontari", "Risorse", "Comunicazione", "Logistica"

Sotto-Rami

"Attività": Screening medici, workshop educativi, stand informativi

"Volontari": Reclutamento, formazione, assegnazione dei ruoli

"Risorse": Sponsor, materiali, budget

"Comunicazione": Pubblicità, social media, bollettino della chiesa

"Logistica": Prenotazione del luogo, disposizione degli stand, sicurezza.

Diagramma di Flusso per l'Esecuzione

Inizio: Pianificazione iniziale

Passaggi:

Riunione di pianificazione con i leader della chiesa

Reclutamento dei volontari

Contatto con sponsor e partner

Creazione dei materiali promozionali

Distribuzione delle informazioni alla comunità

Allestimento del luogo

Gestione dell'evento

Chiusura e valutazione post-evento

Decisioni: Cosa fare se il numero di volontari è insufficiente, come gestire problemi logistici il giorno dell'evento.

L'uso di diagrammi di flusso e mappe mentali offre un approccio strutturato e creativo al problem solving in contesti secolari e cristiani, questi strumenti aiutano a visualizzare processi complessi, organizzare idee e migliorare la comunicazione e la collaborazione all'interno della comunità.

In un contesto cristiano, possono essere integrati con momenti di preghiera e riflessione per assicurare che le soluzioni siano guidate dalla saggezza divina e allineate con i valori della fede.

Utilizzando questi strumenti, le comunità possono affrontare le sfide con maggiore efficacia, promuovendo unità e crescita spirituale.

Analisi SWOT
(Strengths, Weaknesses, Opportunities, Threats)

L'analisi SWOT è uno strumento strategico che aiuta le organizzazioni a identificare i loro punti di forza, debolezze, opportunità e minacce. Questo approccio può essere applicato efficacemente sia in contesti secolari che in contesti cristiani, come comunità, chiese e associazioni, per sviluppare strategie che promuovano il loro sviluppo e la loro missione.

Descrizione dell'Analisi SWOT

L'analisi SWOT consiste nel valutare quattro aree chiave:

. *Strengths* (Punti di Forza): Gli aspetti positivi e le risorse interne che danno un vantaggio competitivo.

. *Weaknesses* (Debolezze): Le aree interne che necessitano di miglioramento e che potrebbero ostacolare il progresso.

. *Opportunities* (Opportunità): Fattori esterni che possono essere sfruttati per il beneficio e la crescita.

. *Threats* (Minacce): Fattori esterni che potrebbero rappresentare un rischio o una sfida.

Applicazione dell'Analisi SWOT
Preparazione

Formare un Gruppo di Lavoro: Coinvolgere persone con diverse prospettive e competenze per garantire una valutazione completa e bilanciata.

Definire l'Obiettivo: Chiarire l'obiettivo dell'analisi, ad esempio migliorare un programma esistente, pianificare un nuovo progetto o rafforzare la comunità.

Raccolta delle Informazioni

Dati Interni: Raccogliere dati sulle risorse, capacità e performance attuali dell'organizzazione.

Dati Esterni: Analizzare l'ambiente esterno, considerando tendenze sociali, economiche e culturali che potrebbero influenzare l'organizzazione.

Analisi delle Quattro Aree

Strengths: Identificare i punti di forza interni, come risorse finanziarie, competenze del personale, reputazione positiva, partecipazione attiva della comunità.

Weaknesses: Riconoscere le debolezze interne, come mancanza di fondi, carenze nel personale, problemi di comunicazione, infrastrutture inadeguate.

Opportunities: Esplorare le opportunità esterne, come nuove tecnologie, partnership potenziali,
cambiamenti demografici favorevoli, supporto da parte di enti pubblici o privati.

Threats: Valutare le minacce esterne, come crisi economiche, concorrenza, cambiamenti legislativi sfavorevoli, diminuzione dell'interesse o partecipazione della comunità.

Esempio di Analisi SWOT

Immaginiamo che una chiesa voglia sviluppare un nuovo programma di mentoring per i giovani. Ecco come potrebbe svolgersi l'analisi SWOT:

Strengths (Punti di Forza)

Personale Dedicato: La chiesa ha volontari appassionati e competenti.

Risorse Spaziali: Dispone di spazi adeguati per incontri e attività.

Supporto della Comunità: Forte supporto da parte dei membri della chiesa.

Esperienza: La chiesa ha già esperienza in programmi educativi e di formazione.

Weaknesses (Debolezze)

Risorse Finanziarie Limitate: Budget ristretto per avviare e sostenere il programma.

Comunicazione Inefficace: Problemi di comunicazione tra i volontari e i partecipanti.

Carico di Lavoro: Volontari già impegnati in molte altre attività.

Assenza di Formazione Specifica: Mancanza di formazione specifica per i mentori.

Opportunities (Opportunità)

Partnership: Opportunità di collaborare con altre chiese o organizzazioni cristiane.

Finanziamenti Esterni: Possibilità di ottenere finanziamenti da enti pubblici o privati.

Tecnologie Digitali: Utilizzo di piattaforme online per migliorare la comunicazione e la gestione del programma.

Cambiamenti Sociali: Aumento dell'interesse per programmi di supporto giovanile nella comunità.

Threats (Minacce)

Concorrenza: Presenza di altri programmi simili nella zona.

Crisi Economiche: Difficoltà finanziarie che potrebbero ridurre le donazioni.

Diminuzione dell'Interesse: Possibile mancanza di interesse o partecipazione dei giovani.

Cambiamenti Legislativi: Normative che potrebbero influenzare negativamente la gestione del programma.

Sviluppo di Strategie Basate sull'Analisi SWOT

Dopo aver completato l'analisi SWOT, il passo successivo è sviluppare strategie che sfruttino i punti di forza e le opportunità, e che affrontino le debolezze e le minacce. Ecco alcune possibili strategie per il programma di mentoring della chiesa:

Sfruttare i Punti di Forza

Formazione Volontari: Utilizzare il personale dedicato e competente per organizzare sessioni di formazione interna per i nuovi mentori.

Utilizzo degli Spazi: Massimizzare l'uso degli spazi adeguati per creare ambienti accoglienti per i giovani.

Affrontare le Debolezze

Raccolta Fondi: Organizzare campagne di raccolta fondi e cercare donazioni per aumentare le risorse finanziarie.

Migliorare la Comunicazione: Implementare strumenti digitali per facilitare la comunicazione tra volontari e partecipanti.

Sfruttare le Opportunità

Collaborazioni: Stabilire partnership con altre chiese e organizzazioni cristiane per condividere risorse e competenze.

Finanziamenti: Presentare richieste di finanziamento a fondazioni ed enti pubblici per sostenere il programma.

Mitigare le Minacce

Monitoraggio dell'Interesse: Creare sondaggi e feedback continui per monitorare l'interesse dei giovani e adattare il programma alle loro esigenze.

Pianificazione Finanziaria: Creare un piano finanziario che preveda riserve di emergenza per affrontare eventuali crisi economiche.

L'analisi SWOT è uno strumento prezioso per qualsiasi organizzazione, sia secolare che cristiana. Permette di avere una visione completa delle forze interne ed esterne che influenzano l'organizzazione e di sviluppare strategie efficaci per il successo.

In un contesto cristiano, è fondamentale integrare questa analisi con momenti di preghiera e riflessione, cercando la guida dello Spirito Santo per prendere decisioni che non solo risolvano i problemi, ma promuovano anche la crescita spirituale e il benessere della comunità. Utilizzando l'analisi SWOT, le comunità cristiane possono affrontare le sfide con fiducia e determinazione, onorando Dio e servendo il prossimo.

Tecniche di Root Cause Analysis
(5 Whys, Fishbone Diagram)

Le tecniche di root cause analysis sono strumenti essenziali per identificare le cause fondamentali di un problema. In un contesto come le comunità cristiane, queste tecniche aiutano a risolvere i problemi in modo efficace e duraturo, garantendo che le soluzioni affrontino le radici dei problemi piuttosto che i sintomi superficiali. Due delle tecniche più utili in questo campo sono i "5 Whys" e il "Fishbone Diagram".

1. I 5 Whys

Descrizione: La tecnica dei 5 Whys consiste nel chiedere ripetutamente "Perché?" fino a quando non si arriva alla causa radice di un problema. Generalmente, è sufficiente chiedere "Perché?" cinque volte, ma il numero può variare a seconda della complessità del problema.

Applicazione

Identificare il Problema: Iniziare con una chiara descrizione del problema.

Chiedere Perché: Chiedere "Perché?" questo problema si è verificato e scrivere la risposta.

Ripetere il Processo: Chiedere di nuovo "Perché?"
per ogni risposta data, fino a raggiungere la causa radice.

Esempio: Un'associazione cristiana nota un calo nella partecipazione ai servizi domenicali.

Problema: La partecipazione ai servizi domenicali è in calo.

Perché? Perché molte persone non sono informate sugli orari dei servizi.

Perché? Perché la newsletter non viene letta da molti membri.

Perché? Perché la newsletter è inviata solo via email e molti membri preferiscono informazioni cartacee o tramite social media.

Perché? Perché non abbiamo mai fatto un sondaggio per capire le preferenze di comunicazione dei nostri membri.

Perché? Perché non abbiamo un sistema di feedback efficace per comunicare con i membri.

Causa Radice Identificata: Mancanza di un sistema di feedback efficace per comprendere le preferenze di comunicazione dei membri.

2. Fishbone Diagram (Diagramma di Ishikawa)

Descrizione: Il Fishbone Diagram, o Diagramma di Ishikawa, è uno strumento visivo che aiuta a identificare, esplorare e rappresentare graficamente tutte le possibili cause di un problema. La sua forma ricorda lo scheletro di un pesce, con il problema principale a forma di "testa" e le categorie di cause come "ossa".

Applicazione

Definire il Problema: Scrivere il problema principale alla "testa" del diagramma.

Identificare le Categorie di Cause: Disegnare rami principali che rappresentano le categorie generali di cause (ad esempio, Manodopera, Materiali, Metodi, Macchinari, Ambiente, Misure).

Brainstorming delle Cause: Per ogni categoria, identificare e scrivere le cause specifiche che potrebbero contribuire al problema.

Analisi delle Cause: Esaminare le cause elencate per identificare quelle più probabili e significative.

Esempio: Una chiesa sta affrontando una diminuzione nella partecipazione alle attività giovanili.

Problema: Diminuzione della partecipazione alle attività giovanili.

Categorie di Cause

Programmazione: Orari non convenienti, attività non attraenti.

Comunicazione: Scarsa promozione degli eventi, messaggi poco chiari.

Coinvolgimento dei Genitori: Genitori non incentivano la partecipazione.

Ambiente: Spazi non accoglienti o inadatti.

Risorse: Mancanza di un pastore giovanile dedicato.

Brainstorming delle Cause

Programmazione: Orari delle attività coincidono con altri impegni dei giovani.

Comunicazione: Newsletter e avvisi non raggiungono i giovani in modo efficace.

Coinvolgimento dei Genitori: I genitori non sono coinvolti nelle attività e non incoraggiano i figli a partecipare.

Ambiente: Gli spazi utilizzati per le attività giovanili non sono attraenti o adeguati.

Risorse: Mancanza di un leader giovanile carismatico e dedicato.

Causa Radice Identificata: Diverse cause, tra cui la scarsa comunicazione, la programmazione inadeguata e la mancanza di un leader giovanile dedicato.

Utilizzo in Contesti Cristiani

I 5 Whys: In una comunità cristiana, i 5 Whys possono essere utilizzati per risolvere problemi relazionali, organizzativi e spirituali.

Ad esempio, se una chiesa nota una diminuzione della partecipazione ai gruppi di studio biblico, la tecnica dei 5 Whys può aiutare a identificare se il problema risiede nella mancanza di interesse, nella qualità del materiale didattico o in altri fattori.

Fishbone Diagram: Il Fishbone Diagram può essere applicato per affrontare problemi complessi che coinvolgono più fattori. Ad esempio, una chiesa che desidera migliorare l'efficacia delle sue missioni può utilizzare il Fishbone Diagram per esplorare tutte le possibili cause di inefficienza, come la mancanza di risorse, problemi logistici, comunicazione inadeguata e mancanza di formazione.

Coinvolgimento della Comunità

È essenziale coinvolgere tutta la comunità durante l'analisi delle cause.

Discussioni Aperte: Organizzare riunioni o forum per discutere apertamente le cause dei problemi identificati.

Collaborazione e Feedback: Invitare i membri a condividere le loro opinioni e osservazioni. Utilizzare questionari o sondaggi per raccogliere input.

Preghiera e Discernimento: Integrare momenti di preghiera per chiedere la guida di Dio nello scoprire le vere cause dei problemi.

Le tecniche di root cause analysis, come i 5 Whys e il Fishbone Diagram, sono strumenti potenti per identificare e affrontare le cause radice dei problemi. In un contesto cristiano, queste tecniche possono essere utilizzate per migliorare l'efficacia e l'efficienza delle attività della comunità, assicurando che le soluzioni proposte siano in linea con i valori e gli obiettivi spirituali. Integrando queste tecniche con momenti di preghiera e riflessione, le comunità cristiane possono risolvere i problemi in modo più completo e significativo, promuovendo unità e crescita spirituale.

Metodo PDCA (Plan-Do-Check-Act)

Il metodo PDCA (Plan-Do-Check-Act), noto anche come ciclo di Deming, è un approccio sistematico utilizzato per il miglioramento continuo dei processi. Questo metodo può essere applicato efficacemente sia in contesti secolari che cristiani, come comunità, chiese e associazioni, per garantire che le attività e i progetti siano pianificati, implementati, verificati e migliorati in modo strutturato.

Descrizione del Metodo PDCA

Plan (Pianificare)

Identificare il Problema: Definire chiaramente il problema o l'obiettivo da raggiungere.

Analisi della Situazione: Raccogliere dati e informazioni per comprendere la situazione attuale.

Definire Obiettivi e Strategie: Stabilire obiettivi chiari e specifici e sviluppare strategie per raggiungerli.

Pianificare le Azioni: Creare un piano dettagliato delle azioni necessarie per implementare le strategie.

Do (Fare)

Implementare il Piano: Mettere in pratica le azioni pianificate.

Monitorare l'Implementazione: Osservare e documentare il processo di implementazione per raccogliere dati e feedback.

Check (Verificare)

Valutare i Risultati: Analizzare i dati raccolti durante l'implementazione per valutare i risultati ottenuti.

Confrontare con gli Obiettivi: Verificare se gli obiettivi pianificati sono stati raggiunti.

Identificare Problemi e Successi: Rilevare eventuali problemi o ostacoli incontrati e riconoscere i successi ottenuti.

Act (Agire)

Apportare Correzioni: Sulla base delle valutazioni, apportare le modifiche necessarie per migliorare il processo.

Standardizzare le Migliorie: Documentare e standardizzare le pratiche che si sono rivelate efficaci.

Pianificare i Passi Successivi: Utilizzare le informazioni raccolte per pianificare ulteriori miglioramenti e avviare un nuovo ciclo PDCA.

Applicazione del Metodo PDCA

Esempio: Programma di Volontariato della Chiesa

Plan (Pianificare)

Identificare il Problema: La partecipazione dei volontari alle attività della chiesa è diminuita del 20% negli ultimi sei mesi.

Analisi della Situazione: Raccogliere dati sulle attuali attività di volontariato, ascoltare i volontari e capire le ragioni del calo.

Definire Obiettivi e Strategie

Obiettivo: Aumentare la partecipazione dei volontari del 30% nei prossimi tre mesi.

Strategie: Migliorare la comunicazione, offrire formazione, creare incentivi.

Pianificare le Azioni: Pianificare una serie di incontri informativi, sessioni di formazione e riconoscimenti per i volontari.

Do (Fare)

Implementare il Piano: Organizzare gli incontri informativi, avviare le sessioni di formazione e distribuire riconoscimenti.

Monitorare l'Implementazione: Documentare la partecipazione agli incontri e alle sessioni di formazione, raccogliere feedback dai volontari.

Check (Verificare)

Valutare i Risultati: Analizzare i dati sulla partecipazione e il feedback raccolto.

Confrontare con gli Obiettivi: Verificare se la partecipazione è aumentata del 30% come previsto.

Identificare Problemi e Successi: Rilevare eventuali problemi incontrati durante l'implementazione, come bassa affluenza agli incontri, e riconoscere i successi, come feedback positivo sulla formazione.

Act (Agire)

Apportare Correzioni: Apportare modifiche come migliorare la pubblicità degli incontri o adattare gli orari delle sessioni di formazione.

Standardizzare le Migliorie: Documentare le pratiche efficaci, come il tipo di incentivi che hanno funzionato meglio.

Pianificare i Passi Successivi: Utilizzare le informazioni raccolte per pianificare ulteriori miglioramenti, come l'introduzione di nuovi tipi di volontariato o programmi di mentoring.

Benefici del Metodo PDCA
Miglioramento Continuo

Efficienza: Il metodo PDCA promuove il miglioramento continuo dei processi, aumentando l'efficienza delle attività della comunità.

Efficacia: Garantisce che le soluzioni siano continuamente migliorate e adattate alle esigenze della comunità.

Coinvolgimento della Comunità

Partecipazione Attiva: Coinvolge attivamente i membri della comunità nel processo di miglioramento, promuovendo un senso di appartenenza e responsabilità.

Collaborazione: Favorisce la collaborazione tra diversi gruppi e individui, rafforzando i legami comunitari.

Allineamento con i Valori Cristiani

Servizio: Promuove un approccio sistematico al servizio della comunità, assicurando che le attività siano ben pianificate e organizzate.

Responsabilità: Incoraggia la responsabilità e la trasparenza, valori fondamentali nelle comunità cristiane.

Flessibilità

Adattabilità: Il ciclo PDCA è flessibile e può essere applicato a una vasta gamma di problemi e situazioni, dalle attività quotidiane ai progetti a lungo termine.

Esempio di PDCA per una Campagna di Evangelizzazione

Plan (Pianificare)

Identificare il Problema: La chiesa vuole aumentare la partecipazione alla campagna di evangelizzazione.

Analisi della Situazione: Raccogliere dati sulle campagne precedenti, identificare le sfide e le opportunità.

Definire Obiettivi e Strategie

Obiettivo: Coinvolgere il 50% della congregazione nella campagna.

Strategie: Utilizzare i social media, organizzare eventi di preghiera, distribuire materiali informativi.

Pianificare le Azioni: Creare un calendario di eventi, sviluppare contenuti per i social media, preparare materiali informativi.

Do (Fare)

Implementare il Piano: Lanciare la campagna sui social media, organizzare eventi di preghiera e distribuire materiali informativi.

Monitorare l'Implementazione: Raccogliere dati sulla partecipazione agli eventi e il coinvolgimento sui social media.

Check (Verificare)

Valutare i Risultati: Analizzare i dati raccolti per valutare il successo della campagna.

Confrontare con gli Obiettivi: Verificare se il 50% della congregazione è stato coinvolto.

Identificare Problemi e Successi: Riconoscere i successi, come un'ampia partecipazione agli eventi di preghiera, e identificare problemi, come una bassa interazione sui social media.

Act (Agire)

Apportare Correzioni: Apportare modifiche come migliorare i contenuti dei social media o organizzare ulteriori eventi.

Standardizzare le Migliorie: Documentare le pratiche efficaci per future campagne.

Pianificare i Passi Successivi: Utilizzare le informazioni raccolte per pianificare ulteriori miglioramenti e avviare un nuovo ciclo PDCA.

Il metodo PDCA è uno strumento potente per il miglioramento continuo dei processi e in un contesto cristiano, questo metodo può essere utilizzato per pianificare, implementare, verificare e migliorare le attività della comunità in modo sistematico e strutturato. Integrando il PDCA con momenti di preghiera e riflessione, le comunità cristiane possono assicurarsi che le loro azioni siano guidate dalla saggezza di Dio e orientate al servizio del prossimo. Utilizzando il PDCA, le comunità possono affrontare le sfide con fiducia e determinazione, promuovendo unità, efficienza e crescita spirituale.

Capitolo 4
Problem Solving Collaborativo

Dinamiche di Gruppo e Ruoli

Il problem solving collaborativo è essenziale per affrontare i problemi in modo efficace e inclusivo, specialmente in contesti comunitari, chiese e associazioni cristiane. Coinvolgere un gruppo di persone con diverse competenze, prospettive e ruoli può portare a soluzioni innovative e condivise. Questo capitolo esplorerà le dinamiche di gruppo e i ruoli necessari per un problem solving collaborativo di successo.

1. Importanza del Problem Solving Collaborativo
Inclusività e Diversità

Vantaggi delle Diverse Prospettive: Ogni membro del gruppo porta una prospettiva unica, arricchendo il processo di problem solving con idee e soluzioni diverse.

Incoraggiamento della Partecipazione: Coinvolgere vari membri della comunità promuove un senso di appartenenza e responsabilità condivisa.

Allineamento con i Valori Cristiani

Collaborazione e Unità: Il lavoro di gruppo rispecchia i valori cristiani di collaborazione e unità (1 Corinzi 12:12-27).

Servizio Reciproco: Collaborare nel problem solving permette di servire e sostenere reciprocamente la comunità.

2. Dinamiche di Gruppo
Creazione di un Ambiente Sicuro e Aperto
Rispetto e Ascolto Attivo: Favorire un ambiente in cui tutti si sentano rispettati e ascoltati.

Eliminazione del Giudizio: Incoraggiare la libera espressione delle idee senza paura di critiche immediate.

Gestione delle Dinamiche di Gruppo
Facilitazione: Il facilitatore deve garantire che il gruppo rimanga focalizzato sul problema e che tutti abbiano l'opportunità di partecipare.

Gestione dei Conflitti: Essere preparati a gestire conflitti in modo costruttivo, promuovendo la riconciliazione e l'unità.

Tecniche per il Lavoro di Gruppo
Brainstorming: Utilizzare sessioni di brainstorming per generare un ampio numero di idee.

Brainwriting: Favorire la partecipazione di tutti, anche dei membri più introversi, attraverso la scrittura delle idee.

Diagramma di Ishikawa e 5 Whys: Applicare tecniche di root cause analysis per identificare le cause radice dei problemi.

3. Ruoli nel Problem Solving Collaborativo

1. Facilitatore

Responsabilità: Guidare il gruppo attraverso il processo di problem solving, mantenendo l'ordine e assicurando che tutti partecipino.

Competenze Necessarie: Capacità di ascolto, gestione del tempo, competenze di mediazione.

2. Scribe (Scrivano)

Responsabilità: Documentare le idee e le decisioni del gruppo, mantenendo traccia delle discussioni e delle azioni da intraprendere.

Competenze Necessarie: Attenzione ai dettagli, capacità di organizzazione, buona comunicazione scritta.

3. Esperto di Contenuto

Responsabilità: Fornire conoscenze specialistiche e competenze tecniche relative al problema da risolvere.

Competenze Necessarie: Profonda conoscenza del tema trattato, capacità di analisi, comunicazione chiara.

4. Innovatore

Responsabilità: Proporre idee creative e innovative, pensando fuori dagli schemi.

Competenze Necessarie: Pensiero creativo, capacità di ideazione, apertura mentale.

5. Coordinatore del Gruppo

Responsabilità: Coordinare le attività del gruppo, assegnare compiti e monitorare i progressi.

Competenze Necessarie: Capacità organizzative, leadership, capacità di motivare il gruppo.

6. Collegamento con la Comunità

Responsabilità: Rappresentare la comunità, raccogliere feedback e comunicare i progressi.

Competenze Necessarie: Buone relazioni interpersonali, capacità di comunicazione, empatia.

4. Processo di Problem Solving Collaborativo

a. Definire il Problema

Discussione Aperta: Coinvolgere il gruppo nella definizione chiara e condivisa del problema.

Utilizzo di Strumenti: Applicare strumenti come il Diagramma di Ishikawa per mappare il problema e le sue cause.

b. Generazione di Idee

Brainstorming: Organizzare sessioni di brainstorming per generare un ampio numero di idee.

Tecniche di Generazione Creativa: Applicare tecniche come SCAMPER e mind mapping per stimolare il pensiero creativo.

c. Valutazione delle Idee

Criteri di Valutazione: Stabilire criteri chiari per valutare le idee, come fattibilità, impatto e allineamento con i valori cristiani.

Analisi dei Pro e dei Contro: Discutere i vantaggi e gli svantaggi di ogni idea.

d. Implementazione della Soluzione

Pianificazione: Creare un piano dettagliato per l'implementazione della soluzione scelta.

Assegnazione dei Ruoli: Assegnare compiti specifici ai membri del gruppo, basati sulle loro competenze e ruoli.

e. Monitoraggio e Revisione

Feedback Continuo: Raccogliere feedback durante l'implementazione per apportare eventuali aggiustamenti.

Valutazione dei Risultati: Analizzare i risultati raggiunti e confrontarli con gli obiettivi iniziali.

5. Esempio di Problem Solving Collaborativo *Progetto:* Miglioramento della Partecipazione ai Gruppi di Studio Biblico

a. Definire il Problema

Discussione Aperta: Coinvolgere i membri della chiesa in una discussione per identificare le cause della bassa partecipazione.

Diagramma di Ishikawa: Utilizzare il diagramma per visualizzare le cause principali (orari inadeguati, contenuti non pertinenti, scarsa comunicazione).

b. Generazione di Idee

Brainstorming: Organizzare una sessione di brainstorming con i leader dei gruppi di studio e i membri della chiesa per generare idee su come aumentare la partecipazione.

SCAMPER: Applicare SCAMPER per sviluppare idee innovative, come combinare lo studio biblico con attività sociali o adattare i contenuti per essere più rilevanti.

c. Valutazione delle Idee

Criteri di Valutazione: Stabilire criteri come la fattibilità (risorse necessarie), l'impatto (potenziale di aumentare la partecipazione) e l'allineamento con i valori cristiani.

Analisi dei Pro e dei Contro: Discutere i vantaggi e gli svantaggi di ogni idea generata.

d. Implementazione della Soluzione

Pianificazione: Creare un piano dettagliato per implementare le idee selezionate, come l'introduzione di nuovi orari e la creazione di un programma di studio biblico più interattivo.

Assegnazione dei Ruoli: Assegnare compiti specifici ai membri del gruppo, come la promozione delle nuove attività sui social media e la preparazione dei materiali didattici.

e. Monitoraggio e Revisione

Feedback Continuo: Raccogliere feedback dai partecipanti durante le prime settimane di implementazione.

Valutazione dei Risultati: Analizzare i dati sulla partecipazione e raccogliere feedback qualitativo per valutare il successo delle nuove iniziative.

Il problem solving collaborativo è essenziale per affrontare le sfide in modo inclusivo e efficace, specialmente in contesti comunitari e cristiani. Coinvolgendo vari membri della comunità e assegnando ruoli specifici, è possibile sfruttare una vas ta gamma di competenze e prospettive per trovare soluzioni innovative e condivise. Lavorando insieme in un ambiente di rispetto e collaborazione, le comunità possono affrontare le sfide con fiducia e determinazione, promuovendo unità, efficienza e crescita spirituale.

Tecniche di Facilitazione

Le tecniche di facilitazione sono strumenti cruciali per guidare gruppi attraverso processi di problem solving, pianificazione strategica e altre attività collaborative. In contesti sia secolari che cristiani, come comunità, chiese e associazioni, l'uso efficace delle tecniche di facilitazione può migliorare la partecipazione, l'inclusività e l'efficacia del gruppo. Questa sessione esplorerà diverse tecniche di facilitazione, con esempi specifici di applicazione in contesti cristiani.

1. Brainstorming Guidato

Descrizione: Il brainstorming guidato è una tecnica di facilitazione che coinvolge la generazione di idee in modo strutturato, con la guida di un facilitatore che mantiene il gruppo focalizzato e produttivo.

Applicazione:

Definire il Problema: Iniziare con una chiara definizione del problema o della sfida da affrontare.

Regole Chiare: Stabilire regole chiare per la sessione di brainstorming (es. nessuna critica alle idee, incoraggiare la partecipazione di tutti).

Generazione delle Idee: Incoraggiare i membri del gruppo a proporre idee liberamente, registrando tutte le idee senza giudizio.

Valutazione delle Idee: Dopo la sessione di brainstorming, facilitare la discussione per valutare le idee e identifica re quelle più promettenti.

Esempio: Una chiesa vuole sviluppare nuove attività per coinvolgere i giovani. Durante una sessione di brainstorming guidato, il facilitatore incoraggia i partecipanti a proporre idee come gruppi di studio biblico, serate di film cristiani, e attività di volontariato comunitario. Successivamente, il gruppo valuta le idee per identificare quelle più fattibili e impattanti.

2. World Café

Descrizione: Il World Café è una tecnica di facilitazione che utilizza discussioni informali in piccoli gruppi per esplorare questioni importanti e generare idee innovative.

Applicazione:

Preparazione: Organizzare lo spazio con tavoli piccoli e fornire materiali come carta e pennarelli.

Rotazione dei Gruppi: I partecipanti si siedono in piccoli gruppi e discutono un argomento per un periodo di tempo determinato.

Dopo di che, ruotano a un altro tavolo per una nuova discussione.

Condivisione delle Idee: Alla fine delle rotazioni, ogni gruppo condivide le idee e le intuizioni emerse dalle discussioni.

Esempio: Un'associazione cristiana vuole migliorare la partecipazione ai programmi di volontariato.

Utilizzando il World Café, i membri discutono in piccoli gruppi le motivazioni per il volontariato, le sfide attuali e le possibili soluzioni, alla fine, ogni gruppo condivide le proprie scoperte, fornendo una visione completa delle prospettive della comunità.

3. Fishbowl

Descrizione: Il Fishbowl è una tecnica di discussione che consente a un gruppo centrale di discutere un argomento mentre gli altri osservano. Gli osservatori possono entrare nella discussione ruotando i membri del gruppo centrale.

Applicazione:

Configurazione: Disporre le sedie in un cerchio interno (gruppo centrale) e un cerchio esterno (osservatori).

Discussione: Il gruppo centrale discute l'argomento mentre gli osservatori ascoltano. Dopo un periodo di tempo, gli osservatori possono sostituire i membri del gruppo centrale per entrare nella discussione.

Sintesi: Alla fine, il facilitatore sintetizza le principali intuizioni e punti discussi.

Esempio: Una chiesa sta discutendo la ristrutturazione del programma di discepolato. Utilizzando la tecnica Fishbowl, i leader del programma discutono le loro idee nel gruppo centrale, mentre i genitori e i membri della comunità osservano. Periodicamente, i genitori possono entrare nel gruppo centrale per condividere le loro prospettive e suggerimenti.

4. Consensus Workshop

Descrizione: Il Consensus Workshop è una tecnica strutturata per aiutare i gruppi a raggiungere un consenso su questioni complesse attraverso un processo di brainstorming, categorizzazione e discussione.

Applicazione:

Brainstorming: I partecipanti scrivono individualmente le loro idee su cartoncini.

Raggruppamento: Il facilitatore raccoglie i cartoncini e li organizza in categorie simili.

Discussione: Il gruppo discute ogni categoria per chiarire le idee e raggiungere un consenso sulle priorità.

Sintesi: Il facilitatore sintetizza le decisioni del gruppo e documenta il consenso raggiunto.

Esempio: Un'associazione cristiana vuole definire le priorità per il prossimo anno. Utilizzando il Consensus Workshop, i membri scrivono le loro idee su come migliorare i programmi attuali. Il facilitatore raggruppa le idee in categorie come "Formazione", "Volontariato" e "Comunicazione", e guida una discussione per raggiungere un consenso sulle priorità principali.

5. Open Space Technology

Descrizione: L'Open Space Technology è una tecnica di facilitazione che consente ai partecipanti di creare e gestire la propria agenda di discussione attorno a un tema centrale.

Applicazione:

Tema Centrale: Definire un tema centrale che guidi l'evento.

Creazione dell'Agenda: I partecipanti propongono sessioni di discussione scrivendo argomenti su fogli di carta e affiggendoli su una parete.

Sessioni di Discussione: I partecipanti si uniscono alle sessioni di loro interesse, contribuendo alle discussioni in modo attivo.

Sintesi: Alla fine, i facilitatori raccolgono e sintetizzano le idee e le decisioni emerse dalle diverse sessioni.

Esempio: Una chiesa vuole coinvolgere la comunità nella pianificazione di un ritiro spirituale. Utilizzando l'Open Space Technology, i membri della chiesa propongono argomenti di discussione come "Temi dei Workshop", "Attività di Gruppo" e "Logistica". Le discussioni portano a un piano dettagliato per il ritiro, basato sulle idee e sulle preferenze della comunità.

6. Role-Playing (Giochi di Ruolo)

Descrizione: Il Role-Playing è una tecnica di facilitazione in cui i partecipanti simulano situazioni reali per esplorare comportamenti, decisioni e dinamiche di gruppo.

Applicazione:

Scenario: Creare uno scenario realistico che rappresenti una situazione problematica.

Assegnazione dei Ruoli: Assegnare ruoli specifici ai partecipanti, rappresentando diverse prospettive e interessi.

Simulazione: Eseguire la simulazione, permettendo ai partecipanti di agire secondo i loro ruoli.

Debriefing: Dopo la simulazione, discutere le esperienze, le scoperte e le possibili soluzioni.

Esempio: Una chiesa vuole migliorare l'accoglienza dei nuovi membri. Utilizzando il Role-Playing, i volontari simulano scenari di accoglienza, interpretando ruoli di nuovi membri e accoglienti. Dopo la simulazione, il gruppo discute le esperienze e identifica strategie per migliorare l'accoglienza e l'integrazione.

Le tecniche di facilitazione sono essenziali per guidare gruppi attraverso processi di problem solving collaborativo. In contesti ecclesiastici, queste tecniche non solo migliorano l'efficacia delle discussioni e delle decisioni, ma promuovono anche valori di inclusività, rispetto e collaborazione. Utilizzando tecniche come il brainstorming guidato, il World Café, il Fishbowl, il Consensus Workshop, l'Open Space Technology e il Role-Playing, le comunità cristiane possono affrontare le sfide in modo strutturato e partecipativo, onorando Dio e servendo il prossimo con unità e creatività.

Gestione dei Conflitti e Negoziazione

La gestione dei conflitti e la negoziazione sono abilità cruciali per mantenere l'armonia e promuovere la collaborazione all'interno di comunità, chiese o associazioni. In un contesto sia secolare che cristiano, queste competenze aiutano a risolvere le divergenze in modo costruttivo, rafforzando i legami comunitari e promuovendo una cultura di rispetto e comprensione.

1. Importanza della Gestione dei Conflitti

Mantenimento dell'Unità

Armonia Comunitaria: La gestione efficace dei conflitti contribuisce a mantenere l'unità e l'armonia all'interno della comunità.

Crescita Spirituale: Affrontare i conflitti in modo cristiano riflette i valori del Vangelo, promuovendo la crescita spirituale e relazionale.

Prevenzione dell'Escalation

Risolvere Tempestivamente: Affrontare i conflitti in modo proattivo previene l'escalation e la formazione di rancori.

Promuovere la Riconciliazione: L'approccio cristiano alla gestione dei conflitti enfatizza il perdono e la riconciliazione (Matteo 5:23-24).

2. Tecniche di Gestione dei Conflitti

Ascolto Attivo

Descrizione: L'ascolto attivo implica prestare piena attenzione all'interlocutore, riflettendo ciò che viene detto e mostrando empatia.

Applicazione

Dimostrare Interesse: Fare domande chiarificatrici e ripetere ciò che è stato detto per assicurarsi di aver compreso correttamente.

Empatia: Riconoscere e validare i sentimenti dell'altra persona.

Comunicazione Non Violenta (CNV)

Descrizione: La CNV, sviluppata da Marshall Rosenberg, è un metodo di comunicazione che promuove l'espressione sincera e l'ascolto empatico.

Applicazione

Osservazione: Descrivere ciò che si osserva senza giudizio.

Sentimenti: Esprimere i propri sentimenti in relazione alle osservazioni.

Bisogni: Identificare i bisogni che sono alla base dei sentimenti.

Richieste: Formulare richieste chiare e concrete per soddisfare i bisogni espressi.

Mediazione

Descrizione: La mediazione coinvolge una terza parte neutrale che aiuta le parti in conflitto a trovare una soluzione accettabile per entrambi.

Applicazione

Ruolo del Mediatore: Facilitare la comunicazione, mantenere la neutralità e aiutare le parti a esplorare opzioni di risoluzione.

Processo di Mediazione: Iniziare con dichiarazioni introduttive, ascoltare le prospettive di entrambe le parti, identificare gli interessi comuni e facilitare la negoziazione.

3. Tecniche di Negoziazione

Negoziazione Collaborativa (Win-Win)

Descrizione: Questo approccio cerca soluzioni che soddisfino le esigenze di entrambe le parti, promuovendo relazioni positive e durature.

Applicazione

Preparazione: Identificare gli interessi e i bisogni di entrambe le parti.

Generazione di Opzioni: Collaborare per generare soluzioni creative che soddisfino gli interessi di tutti.

Valutazione delle Opzioni: Valutare le opzioni in base alla loro capacità di soddisfare i bisogni reciproci.

Accordo: Raggiungere un accordo che entrambe le parti considerano giusto e accettabile.

Negoziazione Basata sugli Interessi

Descrizione: Concentrarsi sugli interessi sottostanti delle parti piuttosto che sulle posizioni specifiche.

Applicazione

Identificazione degli Interessi: Scoprire i veri bisogni e desideri di ciascuna parte.

Esplorazione delle Opzioni: Cercare soluzioni che possano soddisfare gli interessi di entrambe le parti.

Costruzione della Fiducia: Lavorare per costruire fiducia e cooperazione attraverso una comunicazione aperta e onesta.

BATNA (Best Alternative to a Negotiated Agreement)

Descrizione: Il concetto di BATNA, introdotto da Roger Fisher e William Ury, si riferisce alla migliore alternativa a un accordo negoziato.

Applicazione

Valutazione delle Alternative: Valutare le alternative disponibili nel caso in cui la negoziazione non porti a un accordo.

Preparazione: Entrare nella negoziazione conoscendo la propria BATNA per rafforzare la posizione negoziale.

4. Esempio di Gestione dei Conflitti e Negoziazione in un Contesto Cristiano

Scenario: Conflitto tra Volontari in una Chiesa

Gestione del Conflitto

Ascolto Attivo: Il pastore organizza una riunione con i volontari coinvolti nel conflitto, ascoltando attentamente le loro preoccupazioni e sentimenti senza interrompere.

Comunicazione Non Violenta: Utilizzando la CNV, il pastore aiuta i volontari a esprimere i loro sentimenti e bisogni in modo rispettoso e senza accusare l'altro.

Mediazione: Se il conflitto persiste, un mediatore neutrale viene coinvolto per facilitare la discussione ed aiutare a trovare una soluzione accettabile per entrambi.

Negoziazione

Negoziazione Collaborativa: I volontari, con l'aiuto del mediatore, identificano gli interessi comuni (es. il desiderio di servire efficacemente la comunità) e collaborano per trovare soluzioni che soddisfino entrambi.

Negoziazione Basata sugli Interessi: Esplorano diverse opzioni, come la redistribuzione dei compiti o la modifica degli orari di servizio, per soddisfare i loro bisogni.

BATNA: Entrambi i volontari considerano le alternative disponibili nel caso in cui non si raggiunga un accordo, come cambiare ruolo o gruppo di servizio.

5. Integrazione dei Valori Cristiani

Preghiera e Riflessione

Ricerca della Guida Divina: Integrare momenti di preghiera per chiedere la guida di Dio nella gestione dei conflitti e nella negoziazione (Giacomo 1:5).

Riflessione Spirituale: Riflettere sui principi biblici di amore, perdono e riconciliazione durante il processo (Efesini 4:32).

Promozione della Pace

Testimonianza Cristiana: Utilizzare la gestione dei conflitti e la negoziazione come opportunità per testimoniare l'amore e la grazia di Cristo (Matteo 5:9).

Riconciliazione: Lavorare attivamente per la riconciliazione e la ricostruzione delle relazioni rotte, seguendo l'esempio di Cristo.

La gestione dei conflitti e la negoziazione sono abilità fondamentali per mantenere l'armonia e promuovere la collaborazione all'interno di comunità, chiese e associazioni.

Utilizzando tecniche come l'ascolto attivo, la comunicazione non violenta, la mediazione e la negoziazione collaborativa, è possibile affrontare i conflitti in modo costruttivo e trovare soluzioni che soddisfino i bisogni di tutte le parti coinvolte. In un contesto cristiano, integrare i valori del Vangelo e la preghiera nel processo di gestione dei conflitti e negoziazione non solo risolve i problemi pratici, ma promuove anche la crescita spirituale e rafforza i legami comunitari.

Strumenti per la Collaborazione a Distanza

La collaborazione a distanza è diventata sempre più importante in contesti sia secolari che ecclesiali, come comunità e associazioni. Utilizzare strumenti efficaci per la collaborazione a distanza può aiutare a mantenere la comunicazione, il coordinamento e la partecipazione attiva anche quando i membri non possono essere fisicamente presenti. Questa sessione esplorerà vari strumenti e tecniche per facilitare la collaborazione a distanza, con un'enfasi particolare su come possono essere applicati in contesti cristiani.

1. Strumenti di Comunicazione

Videoconferenze

Descrizione: Le piattaforme di videoconferenza permettono ai partecipanti di comunicare faccia a faccia attraverso video e audio, creando un ambiente virtuale per riunioni e discussioni.

Esempi: Zoom, Microsoft Teams, Google Meet.

Applicazione Cristiana

Riunioni di Preghiera: Organizzare riunioni di preghiera settimanali o mensili via Zoom, permettendo ai membri di condividere preghiere e riflessioni.

Studi Biblici: Tenere studi biblici online, facilitando la partecipazione di membri che non possono essere presenti fisicamente.

Chat e Messaggistica Istantanea

Descrizione: Le piattaforme di chat consentono la comunicazione immediata tramite messaggi di testo, immagini, video e documenti.

Esempi: WhatsApp, Slack, Microsoft Teams.

Applicazione Cristiana

Gruppi di Preghiera: Creare gruppi di chat per aggiornamenti sulle richieste di preghiera e condividere incoraggiamenti quotidiani.

Comunicazione del Consiglio: Facilitare la comunicazione continua tra i membri del consiglio della chiesa o del comitato esecutivo dell'associazione.

E-mail;

Descrizione: L'e-mail è uno strumento fondamentale per comunicazioni più formali e per la condivisione di documenti importanti.

Esempi: Gmail, Outlook, Yahoo Mail.

Applicazione Cristiana

Newsletter: Inviare newsletter settimanali o mensili per aggiornare i membri sugli eventi della chiesa, riflessioni spirituali e opportunità di volontariato.

Comunicazioni Ufficiali: Utilizzare l'email per inviare convocazioni per riunioni, minute e documenti ufficiali.

2. Strumenti di Collaborazione e Progettazione

Strumenti di Gestione dei Progetti

Descrizione: Questi strumenti aiutano a pianificare, tracciare e gestire i progetti, permettendo ai membri del team di collaborare efficacemente.

Esempi: Trello, Asana, Monday.com.

Applicazione Cristiana

Organizzazione degli Eventi: Pianificare e gestire eventi comunitari come conferenze, ritiri spirituali o attività di volontariato.

Progetti di Servizio: Coordinare progetti di servizio, come campagne di raccolta fondi o programmi di assistenza comunitaria.

Strumenti di Condivisione dei Documenti

Descrizione: Piattaforme per la creazione, condivisione e modifica di documenti, fogli di calcolo e presentazioni in tempo reale.

Esempi: Google Drive, Microsoft OneDrive, Dropbox.

Applicazione Cristiana

Materiali di Studio Biblico: Collaborare su materiali di studio biblico o piani di lezioni per la scuola domenicale.

Documenti del Consiglio: Condividere e modificare agende, minute e rapporti tra i membri del consiglio.

Lavagne Interattive

Descrizione: Strumenti digitali che permettono ai partecipanti di collaborare visivamente su una "lavagna" virtuale.

Esempi: Miro, Microsoft Whiteboard, Jamboard.

Applicazione

Brainstorming di Idee: Utilizzare le lavagne interattive per sessioni di brainstorming durante riunioni di pianificazione strategica o studi biblici.

Visualizzazione dei Progetti: Creare mappe mentali o diagrammi di flusso per visualizzare piani e strategie.

3. Strumenti di Coordinamento e Pianificazione
Calendari Condivisi

Descrizione: Calendari online che possono essere condivisi tra i membri del gruppo, permettendo la pianificazione e il coordinamento degli eventi.

Esempi: Google Calendar, Microsoft Outlook, Apple Calendar.

Applicazione

Pianificazione degli Eventi: Coordinare eventi della chiesa, servizi religiosi, riunioni del consiglio e attività di volontariato.

Gestione delle Risorse: Pianificare l'uso delle risorse della chiesa, come sale per riunioni o attrezzature.

Sondaggi e Moduli Online

Descrizione: Strumenti per creare sondaggi, questionari e moduli per raccogliere feedback e informazioni dai membri.

Esempi: Google Forms, SurveyMonkey, Typeform.

Applicazione:

Raccolta di Feedback: Raccogliere feedback sui programmi e le attività della chiesa.

Iscrizioni: Gestire le iscrizioni per eventi e programmi formativi.

4. Best Practices per la Collaborazione a Distanza
Chiarezza e Trasparenza

Comunicazione Chiara: Assicurarsi che le comunicazioni siano chiare e dettagliate, fornendo tutte le informazioni necessarie.

Aggiornamenti Regolari: Fornire aggiornamenti regolari sui progressi dei progetti e sulle decisioni importanti.

Inclusività

Coinvolgimento Attivo: Incoraggiare la partecipazione attiva di tutti i membri, assicurandosi che le voci di tutti siano ascoltate.

Accessibilità: Utilizzare strumenti che siano facilmente accessibili a tutti i membri, indipendentemente dal loro livello di competenza tecnologica.

Sostegno Spirituale

Preghiera Condivisa: Integrare momenti di preghiera nelle riunioni virtuali per rafforzare i legami spirituali e chiedere la guida di Dio.

Supporto Reciproco: Creare gruppi di sostegno online dove i membri possono condividere preghiere e incoraggiamenti.

5. Esempio di Collaborazione a Distanza

Scenario: Organizzazione di un Ritiro Spirituale Virtuale

Comunicazione

Videoconferenze: Utilizzare Zoom per le riunioni di pianificazione del ritiro, permettendo ai membri del comitato di discutere i dettagli e prendere decisioni insieme.

Chat di Gruppo: Creare un gruppo WhatsApp per comunicazioni rapide e aggiornamenti.

Collaborazione e Progettazione

Gestione del Progetto: Utilizzare Trello per tracciare le attività, assegnare compiti e monitorare i progressi del piano del ritiro.

Condivisione dei Documenti: Utilizzare Google Drive per condividere materiali di formazione, presentazioni e agende delle sessioni del ritiro.

Coordinamento e Pianificazione

Calendari Condivisi: Utilizzare Google Calendar per pianificare le sessioni del ritiro e inviare inviti ai partecipanti.

Moduli di Iscrizione: Utilizzare Google Forms per gestire le iscrizioni al ritiro e raccogliere informazioni sui partecipanti.

La collaborazione a distanza è essenziale per mantenere la connessione e l'efficacia all'interno di comunità, chiese e associazioni, specialmente in tempi di distanza fisica. (Come lo è stato ai tempi del COVID). Utilizzando strumenti di comunicazione, collaborazione e pianificazione, è possibile gestire progetti e attività in modo efficace, coinvolgendo attivamente tutti i membri.

In un contesto cristiano, è importante integrare questi strumenti con momenti di preghiera e sostegno spiritua le, assicurandosi che le attività riflettano i valori e gli obiettivi della comunità.

Con la giusta combinazione di tecnologia e spirito comunitario, le organizzazioni possono affrontare le sfide della collaborazione a distanza con fiducia e successo.

Capitolo 5
Problem Solving in Contesti Specifici

Problem Solving in Ambito Ecclesiale

Il problem solving in ambito ecclesiale richiede un approccio sensibile e adattato ai valori e alle dinamiche uniche delle chiese e delle comunità cristiane. Risolvere problemi in questo contesto non solo implica affrontare le sfide pratiche, ma anche promuovere la crescita spirituale, l'unità e la missione della chiesa. In questo capitolo, esploreremo strategie e tecniche specifiche per il problem solving in ambito ecclesiale, affrontando problemi comuni e fornendo esempi pratici.

1. Comprendere il Contesto Ecclesiale

Valori e Missione

Centralità della Fede: La fede in Cristo e la guida di Dio sono fondamentali nel processo di Processo decisionale.

Comunità e Unità: L'unità della chiesa e il benessere della comunità sono prioritari.

Servizio e Missione: Le attività della chiesa sono orientate al servizio, all'evangelizzazione e alla crescita spirituale.

Sfide Comuni

Comunicazione: Problemi nella comunicazione tra leadership e congregazione.

Coinvolgimento: Difficoltà a coinvolgere membri nelle

attività e nei ministeri.

Risorse: Gestione e allocazione efficace delle risorse finanziarie e umane.

Conflitti: Conflitti interpersonali e disaccordi su questioni dottrinali od operative.

2. Strategie di Problem Solving

a. Approccio Basato sulla Fede

Preghiera: Includere la preghiera in ogni fase del processo di problem solving per cercare la guida e la saggezza divina (Giacomo 1:5).

Riflessione Biblica: Utilizzare le Scritture per ispirare e guidare le decisioni. Passaggi come Proverbi 3:5-6 e Filippesi 4:6-7 offrono saggezza e incoraggiamento.

b. Coinvolgimento della Comunità

Riunioni Comunitarie: Organizzare riunioni aperte dove i membri possono esprimere le loro preoccupazioni e idee.

Sondaggi e Feedback: Utilizzare sondaggi per raccogliere input su problemi specifici e suggerimenti per le soluzioni.

c. Utilizzo di Tecniche di Problem Solving

Brainstorming e Brainwriting: Facilitare sessioni di brainstorming per generare idee creative e soluzioni.

Diagramma di Ishikawa e 5 Whys: Utilizzare questi strumenti per identificare le cause radice dei problemi.

d. Formazione e Sviluppo

Workshop e Seminari: Offrire formazione sulla gestione

dei conflitti, leadership e comunicazione per rafforzare le competenze della leadership e dei volontari.

Mentoring: Implementare programmi di mentoring per supportare la crescita personale e spirituale dei membri.

3. Esempi di Problem Solving in Ambito Ecclesiale

Esempio 1: Migliorare la Comunicazione nella Chiesa

Problema: La comunicazione tra il consiglio della chiesa e la congregazione è inefficace, causando disinformazione e malintesi.

Strategie

Preghiera e Riflessione: Iniziare con un incontro di preghiera, chiedendo la guida di Dio per migliorare la comunicazione.

Sondaggi e Feedback: Raccogliere feedback dalla congregazione su come preferiscono ricevere informazioni (es. email, newsletter, social media).

Pianificazione: Sviluppare un piano di comunicazione che includa aggiornamenti regolari via email, una newsletter mensile e post settimanali sui social media.

Workshop: Organizzare un workshop sulla comunicazione efficace per i leader della chiesa.

Esempio 2: Aumentare il Coinvolgimento nei Ministeri

Problema: La partecipazione ai ministeri e alle attività della chiesa è bassa.

Strategie

Preghiera e Riflessione: Chiedere la guida di Dio per ispirare i membri a partecipare attivamente.

Riunioni Comunitarie: Organizzare riunioni aperte per discutere le barriere alla partecipazione e raccogliere idee su come coinvolgere più persone.

Brainstorming: Facilitare una sessione di brainstorming per generare idee su nuove attività e ministeri che potrebbero attrarre più membri.

Promozione e Incentivi: Creare campagne promozionali per evidenziare i benefici della partecipazione ai ministeri e offrire incentivi come riconoscimenti pubblici o piccoli premi.

Esempio 3: Gestione dei Conflitti Interpersonali

Problema: Conflitti interpersonali tra i membri della leadership stanno causando tensioni nella chiesa.

Strategie

Preghiera e Mediazione: Iniziare con sessioni di preghiera congiunta e coinvolgere un mediatore neutrale per facilitare la discussione.

Ascolto Attivo: Utilizzare tecniche di ascolto attivo per permettere a ciascuna parte di esprimere le proprie preoccupazioni e sentimenti.

Comunicazione Non Violenta: Implementare la comunicazione non violenta per aiutare i membri a esprimere i propri bisogni e richieste senza accusare.

Formazione Continua: Offrire formazione continua sulla gestione dei conflitti e la comunicazione efficace per prevenire futuri disaccordi.

4. Risorse e Supporto

Risorse Interne

Consiglio della Chiesa: Utilizzare le competenze e le esperienze dei membri del consiglio per guidare il processo di problem solving.

Volontari e Membri: Coinvolgere volontari e membri con competenze specifiche in aree come la comunicazione, la gestione e la risoluzione dei conflitti.

Risorse Esterne

Consulenti e Formatori: Collaborare con consulenti esperti in gestione ecclesiale e problem solving.

Materiali Didattici: Utilizzare libri, articoli e corsi online su leadership cristiana e gestione dei conflitti.

Il problem solving in ambito ecclesiale richiede un approccio che integri i valori cristiani con tecniche pratiche e collaborative. Utilizzando strategie come la preghiera, il coinvolgimento della comunità, l'uso di tecniche di problem solving e la formazione continua, le chiese possono affrontare efficacemente le sfide e promuovere la crescita spirituale e l'unità. Con la guida dello Spirito Santo e il supporto della comunità, le chiese possono risolvere i problemi in modo che onori Dio e rafforzi il loro ministero.

Problem Solving nella Vita Quotidiana

Il problem solving non è limitato alle grandi organizzazioni o ai contesti aziendali; è una competenza essenziale che si applica anche alla vita quotidiana. Sia in contesti secolari che cristiani, come comunità, chiese e associazioni, le abilità di problem solving possono aiutare a gestire le sfide quotidiane, migliorare le relazioni e promuovere il benessere personale e comunitario.

Problem Solving nella Vita Quotidiana
Gestione del Tempo
Descrizione: L'abilità di pianificare e organizzare il proprio tempo in modo efficace è fondamentale per affrontare le sfide quotidiane.
Strategie
Prioritizzazione: Identificare le attività più importanti e urgenti, utilizzando metodi come la Matrice di Eisenhower.
Pianificazione: Creare liste di cose da fare e utilizzare strumenti come calendari e planner per organizzare le attività.
Gestione delle Relazioni
Descrizione: Le abilità di comunicazione e risoluzione dei conflitti sono essenziali per mantenere relazioni sane e positive.
Strategie

Comunicazione Efficace: Praticare l'ascolto attivo e l'espressione chiara dei propri pensieri e sentimenti.

Risolvere i Conflitti: Utilizzare tecniche di negoziazione e mediazione per risolvere i conflitti in modo costruttivo.

Gestione delle Risorse Finanziarie

Descrizione: Saper gestire le proprie finanze è una competenza importante per la sicurezza economica e il benessere.

Strategie

Bilancio Personale: Creare e mantenere un bilancio per monitorare le entrate e le uscite.

Risparmio e Investimento: Pianificare il risparmio e considerare opportunità di investimento per il futuro.

Problem Solving in Ambito Educativo

In ambito educativo, il problem solving è una competenza cruciale per insegnanti, studenti e amministratori. Sia nelle scuole secolari che nelle istituzioni educative cristiane, l'abilità di affrontare e risolvere problemi contribuisce al successo accademico e al benessere generale degli studenti.

Coinvolgimento degli Studenti

Descrizione: Promuovere l'impegno e la partecipazione attiva degli studenti è essenziale per il loro successo educativo.

Strategie

Metodi Interattivi: Utilizzare tecniche didattiche interattive come il cooperative learning e i progetti di gruppo.

Feedback e Valutazione: Fornire feedback costante e valutazioni formative per aiutare gli studenti a migliorare.

Gestione della Classe

Descrizione: Mantenere un ambiente di apprendimento positivo e gestire efficacemente il comportamento degli studenti sono competenze chiave per gli insegnanti.

Strategie

Regole Chiare: Stabilire regole e aspettative chiare per il comportamento in classe.

Tecniche di Gestione del Comportamento: Utilizzare tecniche come il rinforzo positivo e la gestione dei conflitti per mantenere l'ordine.

Supporto agli Studenti con Bisogni Speciali

Descrizione: Fornire supporto adeguato agli studenti con bisogni educativi speciali è fondamentale per il loro successo.

Strategie

Piani Educativi Individualizzati (PEI): Creare piani personalizzati per soddisfare le esigenze specifiche degli studenti.

Collaborazione con Specialisti: Lavorare con specialisti come logopedisti, psicologi scolastici e assistenti educativi.

Esempi di Problem Solving in Ambito Educativo

Esempio 1: Aumento del Coinvolgimento degli Studenti

Problema: Il coinvolgimento degli studenti nelle lezioni è basso, con molti studenti che mostrano disinteresse e scarso rendimento.

Strategie

Coinvolgimento Attivo: Integrare attività pratiche e interattive nelle lezioni, come esperimenti scientifici, dibattiti e progetti di gruppo.

Tecnologia Educativa: Utilizzare strumenti tecnologici come lavagne interattive, applicazioni educative e piattaforme online per rendere le lezioni più coinvolgenti.

Feedback Personalizzato: Fornire feedback individuale e motivante agli studenti, riconoscendo i loro progressi e incoraggiandoli a migliorare.

Esempio 2: Gestione dei Conflitti in Classe

Problema: Frequenti conflitti tra studenti stanno disturbando l'ambiente di apprendimento.

Strategie

Regole di Comportamento: Stabilire e comunicare chiaramente le regole di comportamento in classe, spiegando le conseguenze delle infrazioni.

Mediazione tra Pari: Implementare programmi di mediazione tra pari, dove studenti appositamente formati aiutano i loro compagni a risolvere i conflitti.

Tecniche di De-Escalation: Formare gli insegnanti su tecniche di de-escalation per gestire i conflitti in modo calmo e costruttivo.

Esempio 3: Supporto agli Studenti con Difficoltà di Apprendimento

Problema: Alcuni studenti con difficoltà di apprendimento non riescono a seguire il ritmo della classe.

Strategie

Piani Educativi Individualizzati: Sviluppare PEI che includano obiettivi specifici, strategie di insegnamento personalizzate e adattamenti curriculari.

Tecnologie Assistive: Utilizzare tecnologie assistive come software di lettura e scrittura, dispositivi di amplificazione audio e strumenti di apprendimento visivo.

Supporto Peer-to-Peer: Creare programmi di tutoraggio tra pari, dove studenti con buone capacità aiutano i compagni con difficoltà.

Integrazione dei Valori Cristiani nell'Educazione
Educazione Integrale:

Descrizione: L'educazione cristiana mira a sviluppare gli studenti non solo accademicamente, ma anche spiritualmente, moralmente e socialmente.

Strategie

Insegnamento Biblico: Integrare i principi biblici nel curriculum, utilizzando storie e insegnamenti della Bibbia per illustrare valori e comportamenti.

Servizio Comunitario: Incorporare progetti di servizio comunitario nel programma scolastico per insegnare agli studenti l'importanza del servizio e della compassione.

Ambiente di Apprendimento Positivo

Descrizione: Creare un ambiente scolastico che riflette i valori cristiani di amore, rispetto e giustizia.

Strategie

Cultura di Gentilezza: Promuovere una cultura di gentilezza e rispetto reciproco tra studenti e personale.

Supporto Spirituale: Offrire supporto spirituale attraver

so momenti di preghiera, consulenza pastorale e ritiri spirituali.

Il problem solving nella vita quotidiana e in ambito educativo è essenziale per affrontare le sfide e promuovere un ambiente sano e produttivo. In contesti ecclesiastici , l'integrazione dei valori biblici e della fede può arricchire il processo di problem solving, promuovendo non solo soluzioni pratiche ma anche crescita spirituale e relazionale. Con approcci proattivi e collaborativi, è possibile superare le difficoltà e creare comunità e istituzioni educative che riflettono l'amore e la saggezza di Cristo.

Problem Solving in Contesti Sociali e Comunitari

Il problem solving in contesti sociali e comunitari è fondamentale per affrontare le sfide che emergono all'interno delle comunità, migliorando il benessere collettivo e promuovendo l'armonia. Sia in contesti secolari che ecclesiali; come comunità, chiese e associazioni, le abilità di problem solving aiutano a risolvere problemi complessi, coinvolgere i membri della comunità e promuovere una cultura di cooperazione e supporto reciproco.

1. Comprendere i Contesti Sociali e Comunitari

Valori e Obiettivi

Inclusività e Partecipazione: Promuovere la partecipazione attiva di tutti i membri della comunità.

Equità e Giustizia: Assicurarsi che le soluzioni siano eque e giuste per tutti i membri della comunità.

Supporto Reciproco: Creare un ambiente di supporto reciproco e collaborazione.

Sfide Comuni

Disparità Socioeconomiche: Affrontare le disuguaglianze e promuovere l'inclusione.

Conflitti Interpersonali: Gestire i conflitti tra membri della comunità in modo costruttivo.

Mancanza di Risorse: Ottimizzare l'uso delle risorse disponibili e trovare nuove fonti di supporto.

2. Strategie di Problem Solving

1. Approccio Partecipativo

Coinvolgimento della Comunità: Coinvolgere attivamente i membri della comunità nel processo di problem solving per garantire che le soluzioni siano accettate e sostenibili.

Riunioni Aperte: Organizzare incontri aperti dove i membri possono esprimere le loro preoccupazioni e contribuire con idee.

2. Collaborazione Intersettoriale

Partnership: Collaborare con altre organizzazioni, enti governativi e aziende per affrontare le sfide comuni.

Risorse Condivise: Condividere risorse e competenze per massimizzare l'efficacia degli interventi.

3. Utilizzo di Tecniche di Problem Solving

Analisi SWOT: Utilizzare l'analisi SWOT per identificare punti di forza, debolezze, opportunità e minacce.

Diagramma di Ishikawa e 5 Whys: Identificare le cause radice dei problemi per sviluppare soluzioni mirate.

4. Monitoraggio e Valutazione

Raccolta di Dati: Monitorare i progressi e raccogliere dati per valutare l'efficacia delle soluzioni implementate.

Feedback Continuo: Raccogliere feedback dai membri della comunità e apportare modifiche basate sui risultati.

3. Esempi di Problem Solving in Contesti Sociali e Comunitari

Esempio 1: Affrontare le Disparità Socioeconomiche

Problema: Disparità socioeconomiche significative all'interno della comunità stanno causando tensioni e mancanza di opportunità per alcuni membri.

Strategie

Analisi SWOT: Condurre un'analisi SWOT per identificare i punti di forza e le debolezze della comunità, nonché le opportunità e le minacce esterne.

Partnership con Organizzazioni Locali: Collaborare con organizzazioni non profit ed enti governativi per fornire supporto economico e formativo.

Programmi di Sviluppo Economico: Sviluppare programmi di formazione professionale e imprenditoriale per aiutare i membri della comunità a migliorare le loro competenze e opportunità lavorative.

Esempio 2: Gestione dei Conflitti Comunitari

Problema: Conflitti tra diversi gruppi all'interno della comunità stanno minando l'armonia e la cooperazione.

Strategie

Mediazione e Dialogo: Organizzare sessioni di mediazione e dialogo facilitato per permettere ai gruppi di esprimere le loro preoccupazioni e trovare soluzioni comuni.

Programmi di Costruzione della Pace: Implementare programmi di costruzione della pace che promuovano il rispetto reciproco e la comprensione interculturale.

Eventi Comunitari: Organizzare eventi comunitari che riuniscano diversi gruppi per costruire relazioni positive e rafforzare i legami.

Esempio 3: Ottimizzazione delle Risorse Comunitarie

Problema: La comunità sta affrontando una carenza di risorse per sostenere i programmi esistenti.

Strategie

Ricerca di Fondi: Identificare e applicare per sovvenzioni e finanziamenti da enti governativi e privati.

Volontariato e Donazioni: Promuovere il volontariato e incoraggiare le donazioni da parte dei membri della comunità e delle imprese locali.

Collaborazioni: Stabilire collaborazioni con altre organizzazioni per condividere risorse e ridurre i costi.

4. Integrazione dei Valori Cristiani nei Contesti Sociali e Comunitari

Servizio e Compassione

Descrizione: Il servizio al prossimo e la compassione sono valori fondamentali nelle comunità cristiane.

Strategie

Progetti di Servizio Comunitario: Organizzare progetti di servizio che rispondano ai bisogni della comunità, come programmi di alimentazione e sostegno ai senzatetto.

Supporto Spirituale: Offrire supporto spirituale attraverso consulenze pastorali, gruppi di preghiera e ministeri di cura.

Promozione della Giustizia Sociale

Descrizione: La giustizia sociale è un aspetto centrale dell'insegnamento cristiano, volto a promuovere l'equità e la dignità per tutti.

Strategie

Advocacy: (difesa) Partecipare ad attività di advocacy per promuovere politiche che favoriscano la giustizia sociale e la protezione dei più vulnerabili.

Educazione e Consapevolezza: Educare i membri della comunità sui temi della giustizia sociale e incoraggiare l'azione collettiva.

Costruzione di Comunità

Descrizione: Costruire una comunità forte e unita è fondamentale per il benessere collettivo e la testimonianza cristiana.

Strategie

Iniziative di Coinvolgimento: Creare iniziative che promuovano il coinvolgimento attivo e il senso di appartenenza, come gruppi di studio biblico, eventi sociali e programmi per famiglie.

Sostegno Reciproco: Favorire una cultura di sostegno reciproco dove i membri si aiutano l'un l'altro nei momenti di bisogno.

Il problem solving in contesti sociali e comunitari richiede un approccio olistico che consideri le dinamiche uniche della comunità, promuovendo l'inclusività, la giustizia e il supporto reciproco.

Utilizzando strategie partecipative, collaborazioni intersettoriali e tecniche di problem solving, le comunità possono affrontare le sfide in modo efficace e sostenibile.

In contesti cristiani, l'integrazione dei valori biblici e della fede nel processo di problem solving rafforza la missione della chiesa e promuove la crescita spirituale e relazionale. Con un approccio proattivo e collaborativo, le comunità possono superare le difficoltà e creare un ambiente che riflette l'amore e la grazia di Cristo.

Capitolo 6
Sviluppare il Pensiero Critico

Il pensiero critico è una competenza essenziale che consente alle persone di analizzare, valutare e sintetizzare informazioni in modo efficace. Sia in contesti secolari che ecclesiali, come comunità cristiane, e associazioni, il pensiero critico è fondamentale per prendere decisioni informate, risolvere problemi complessi e promuovere la crescita personale e collettiva. Questo capitolo esplorerà la definizione e l'importanza del pensiero critico, tecniche per migliorarlo, ed esercizi e attività pratiche per sviluppare questa competenza.

1. Definizione e Importanza del Pensiero Critico
Definizione

Pensiero Critico: Il pensiero critico è il processo di analisi, valutazione e sintesi delle informazioni per formare un giudizio equilibrato e ben fondato. Involge l'uso di ragionamento logico, riflessione e la considerazione di diverse prospettive.

Importanza

Decisioni Informate: Il pensiero critico aiuta a prendere decisioni informate e razionali, basate su una valutazione attenta delle prove disponibili.

Risolvere Problemi Complessi: Sviluppare il pensiero critico permette di affrontare e risolvere problemi complessi in modo sistematico e creativo.

Crescita Personale: Il pensiero critico promuove la crescita intellettuale e spirituale, incoraggiando l'autoconsapevolezza e la riflessione.

Unità e Collaborazione: In contesti cristiani, il pensiero critico supporta la costruzione di una comunità più unita e collaborativa, permettendo ai membri di comprendere meglio le prospettive degli altri.

2. Tecniche per Migliorare il Pensiero Critico

1. Domande Socratiche

Descrizione: Le domande socratiche incoraggiano l'esplorazione approfondita di idee e argomenti attraverso il dialogo e la riflessione.

Tecnica

Chiarificazione: "Cosa intendi esattamente con...?"

Prove: "Quali prove supportano questa affermazione?"

Prospettive Alternative: "Quali sono le alternative possibili?"

Implicazioni: "Quali sono le conseguenze di questa idea?"

2. Analisi SWOT

Descrizione: L'analisi SWOT è un metodo strutturato per valutare punti di forza, debolezze, opportunità e minacce relative a una decisione o problema.

Tecnica

Identificare i Punti di Forza: Cosa funziona bene?

Riconoscere le Debolezze: Quali sono le aree di miglioramento?

Esplorare le Opportunità: Quali opportunità possono essere sfruttate?

Valutare le Minacce: Quali rischi o ostacoli potrebbero emergere?

3. Mappe Concettuali

Descrizione: Le mappe concettuali aiutano a visualizzare

le relazioni tra idee e concetti, facilitando la comprensione e l'analisi.

Tecnica

Concetto Centrale: Identificare l'idea principale.

Sotto-Concetti: Aggiungere sotto-concetti e collegarli al concetto centrale.

Relazioni: Tracciare le relazioni tra i concetti utilizzando linee e frecce.

4. Analisi Causa-Effetto

Descrizione: Questa tecnica aiuta a identificare le cause di un problema e le loro conseguenze.

Tecnica

Definire il Problema: Identificare chiaramente il problema.

Identificare le Cause: Utilizzare il diagramma di Ishikawa o altre tecniche per elencare le cause potenziali.

Valutare le Conseguenze: Analizzare le conseguenze di ciascuna causa identificata.

3. Esercizi e Attività Pratiche

Esercizio 1: Discussione Socratica

Obiettivo: Promuovere la riflessione e l'analisi critica attraverso il dialogo.

Attività

Scegliere un Argomento: Selezionare un argomento di interesse comune o una questione controversa.

Formulare Domande: Preparare una serie di domande socratiche per guidare la discussione.

Discussione di Gruppo: Facilitare una discussione di gruppo utilizzando le domande socratiche per esplorare l'argomento in profondità.

Esempio Cristiano: Discussione sull'interpretazione di un passaggio biblico, esplorando diverse interpretazioni e le loro implicazioni per la vita cristiana.

Esercizio 2: Creazione di Mappe Concettuali

Obiettivo: Migliorare la comprensione e l'organizzazione delle informazioni.

Attività

Scegliere un Tema: Selezionare un tema o un concetto da esplorare.

Creare la Mappa: Utilizzare carta e penna o strumenti digitali per creare una mappa concettuale, collegando il tema principale ai sotto-concetti correlati.

Discussione: Discutere la mappa concettuale in gruppo, identificando nuove connessioni e approfondendo la comprensione.

Esempio: Creare una mappa concettuale sui frutti dello Spirito (Galati 5:22-23), esplorando come ciascun frutto si manifesta nella vita quotidiana.

Esercizio 3: Analisi SWOT di una Decisione

Obiettivo: Valutare una decisione importante utilizzando l'analisi SWOT.

Attività

Identificare la Decisione: Selezionare una decisione importante da valutare.

Condurre l'Analisi SWOT: Lavorare in gruppo per identificare i punti di forza, le debolezze, le opportunità e le minacce.

Discussione: Analizzare i risultati dell'analisi SWOT e discutere le implicazioni per la decisione.

Esempio: Valutare la decisione di avviare un nuovo ministero giovanile nella chiesa, identificando risorse disponibili, potenziali sfide e opportunità di crescita.

Esercizio 4: Analisi Causa-Effetto di un Problema Comunitario

Obiettivo: Identificare le cause radice di un problema comunitario e sviluppare soluzioni.

Attività

Identificare il Problema: Selezionare un problema rilevante per la comunità.

Creare un Diagramma di Ishikawa: Utilizzare un diagramma di Ishikawa per identificare le cause radice del problema.

Sviluppare Soluzioni: Discutere le cause identificate e

sviluppare soluzioni mirate per affrontare il problema.

Esempio: Analizzare le cause della diminuzione della partecipazione alle attività della chiesa e sviluppare strategie per coinvolgere nuovamente i membri.

Sviluppare il pensiero critico è essenziale per affrontare le sfide della vita quotidiana, educativa, sociale e comunitaria. Utilizzando tecniche come le domande socratiche, l'analisi SWOT, le mappe concettuali e l'analisi causa-effetto, è possibile migliorare la capacità di analizzare, valutare e risolvere problemi in modo efficace. In contesti cristiani, il pensiero critico può essere arricchito dalla riflessione biblica e dalla preghiera, promuovendo non solo soluzioni pratiche, ma anche crescita spirituale e unità comunitaria. Con esercizi e attività pratiche, le comunità possono sviluppare le competenze di pensiero critico necessarie per prosperare e testimoniare la loro fede in modo più significativo.

Capitolo 7
Problem Solving e Innovazione

Il problem solving e l'innovazione sono strettamente collegati: risolvere i problemi in modo creativo spesso porta a nuove idee e soluzioni innovative. L'innovazione può trasformare sfide in opportunità, migliorando l'efficacia delle iniziative e promuovendo la crescita. Questo capitolo esplorerà la relazione tra problem solving e innovazione, presenterà casi studio di innovazioni derivanti da un efficace problem solving e descriverà strumenti per stimolare l'innovazione.

1. Relazione tra Problem Solving e Innovazione
Pensiero Creativo e Critico:

Descrizione: Il problem solving richiede pensiero critico per analizzare problemi complessi e pensiero creativo per sviluppare soluzioni innovative.

Importanza: Il pensiero critico aiuta a identificare le cause radice dei problemi, mentre il pensiero creativo genera nuove idee per risolverli.

Iterazione e Sperimentazione

Descrizione: L'innovazione spesso deriva da un processo iterativo di sperimentazione, valutazione e miglioramento delle soluzioni.

Importanza: Le soluzioni innovative emergono attraverso tentativi ed errori, feedback e adattamenti continui.

Collaborazione e Diversità di Prospettive

Descrizione: Coinvolgere persone con diverse competenze e prospettive può arricchire il processo di problem solving e stimolare l'innovazione.

Importanza: La diversità di pensiero e esperienza favorisce la generazione di idee innovative e la scoperta di soluzioni uniche.

2. Case Studies di Innovazioni Derivanti da un Efficace Problem Solving

Case Study 1: Innovazione nella Chiesa - Servizi Ibridi

Problema: Durante la pandemia di COVID-19, molte chiese hanno affrontato la sfida di mantenere la partecipazione e il coinvolgimento dei membri nonostante le restrizioni sulle riunioni in persona.

Soluzione Innovativa

Servizi Ibridi: Implementare servizi di culto ibridi che combinano partecipazione in persona e online.

Strumenti Utilizzati: Piattaforme di streaming video, social media e app di comunicazione per raggiungere i membri della chiesa.

Risultato: Aumento della partecipazione, con membri che partecipano ai servizi da casa o in persona, a seconda delle loro esigenze e circostanze.

Case Study 2: Innovazione Comunitaria - Giardini Urbani Condivisi

Problema: Una comunità urbana affrontava problemi di insicurezza alimentare e mancanza di spazi verdi.

Soluzione Innovativa

Giardini Urbani Condivisi: Creazione di giardini comunitari in spazi urbani inutilizzati per coltivare cibo e migliorare l'ambiente.

Strumenti Utilizzati: Coinvolgimento dei residenti,

partnership con organizzazioni locali e uso di tecniche di agricoltura urbana.

Risultato: Aumento della sicurezza alimentare, miglioramento della coesione comunitaria e riqualificazione di spazi urbani degradati.

Case Study 3: Innovazione Educativa - Apprendimento Personalizzato

Problema: Le scuole tradizionali spesso non riescono a soddisfare le diverse esigenze di apprendimento degli studenti.

Soluzione Innovativa

Apprendimento Personalizzato: Implementazione di programmi educativi personalizzati che utilizzano la tecnologia per adattare l'insegnamento alle esigenze individuali degli studenti.

Strumenti Utilizzati: Piattaforme di apprendimento online, software di gestione dell'apprendimento e analisi dei dati educativi

Risultato: Miglioramento delle performance accademiche, maggiore coinvolgimento degli studenti e adattamento alle diverse modalità di apprendimento.

3. Strumenti per Stimolare l'Innovazione

1. Design Thinking:

Descrizione: Il Design Thinking è un approccio centrato sull'utente per risolvere problemi e sviluppare soluzioni innovative.

Fasi

Empatizzare: Comprendere le esigenze degli utenti.

Definire: Definire chiaramente il problema.

Ideare: Generare un'ampia gamma di idee.

Prototipale: Creare prototipi delle soluzioni.

Testare: Testare i prototipi e raccogliere feedback.

Applicazione: Utilizzare il Design Thinking per sviluppare nuovi programmi di ministero o attività comunitarie che rispondano meglio ai bisogni dei membri.

2. Mind Mapping

Descrizione: Le mappe mentali aiutano a organizzare e visualizzare idee in modo creativo e strutturato.

Tecnica

Concetto Centrale: Identificare il problema o il tema centrale.

Rami Principali: Suddividere il concetto centrale in categorie.

Dettagli: Aggiungere dettagli e idee correlate a ciascun ramo.

Applicazione: Creare mappe mentali per pianificare even

ti, sviluppare sermoni o organizzare gruppi di studio biblico.

3. Brainstorming e Brainwriting

Descrizione: Tecniche per generare idee in modo collaborativo.

Tecnica

Brainstorming: Facilitare sessioni di brainstorming in cui i partecipanti propongono idee senza giudizio.

Brainwriting: I partecipanti scrivono le loro idee e le condividono in forma anonima per evitare influenze sociali.

Applicazione: Utilizzare queste tecniche per generare idee su come migliorare i programmi di volontariato o coinvolgere la comunità.

4. SWOT Analysis

Descrizione: L'analisi SWOT aiuta a identificare punti di forza, debolezze, opportunità e minacce relative a una decisione o progetto.

Tecnica

Punti di Forza: Identificare ciò che funziona bene.

Debolezze: Riconoscere le aree di miglioramento.

Opportunità: Esplorare potenziali opportunità.

Minacce: Valutare i rischi e le sfide.

Applicazione: Valutare nuovi progetti missionari o iniziative di sensibilizzazione della comunità.

5. Six Thinking Hats

Descrizione: Un metodo di Edward de Bono che incoraggia il pensiero da diverse prospettive.

Cappelli

Bianco (Fatti): Focus sui dati e le informazioni.

Rosso (Emozioni): Espressione dei sentimenti e delle intuizioni.

Nero (Cautela): Identificazione dei rischi e delle critiche.

Giallo (Ottimismo): Considerazione degli aspetti positivi e dei benefici.

Verde (Creatività): Generazione di idee e soluzioni innovative.

Blu (Processo): Controllo e gestione del processo di pensiero.

Applicazione: Utilizzare i Sei Cappelli per pianificare nuovi programmi di ministero o eventi comunitari, assicurandosi di considerare ogni prospettiva.

L'innovazione è una componente essenziale del problem solving, trasformando le sfide in opportunità e migliorando continuamente le pratiche e le soluzioni. In contesti secolari e cristiani, l'integrazione di pensiero critico e creativo, l'adozione di strumenti innovativi e l'implementazione di strategie collaborative possono portare a soluzioni efficaci e trasformative. Attraverso esempi pratici e l'uso di tecniche come il Design Thinking, le mappe mentali, il brainstorming, l'analisi SWOT e i Sei Cappelli di de Bono, le comunità, le chiese e le associazioni possono affrontare le sfide in modo proattivo e innovativo, promuovendo crescita, unità e impatto positivo.

Capitolo 8
Esercizi Pratici e Studi di Caso

Esercizi di Problem Solving Individuale e di Gruppo

Per sviluppare competenze di problem solving efficaci, è utile praticare attraverso esercizi strutturati che simulano situazioni reali. Questi esercizi possono essere svolti individualmente o in gruppo, e possono essere adattati a contesti sia secolari che ecclesiali.

Esercizio 1: Analisi SWOT Individuale

Obiettivo: Identificare punti di forza, debolezze, opportunità e minacce personali.

Attività

Preparazione: Fornire ai partecipanti un foglio diviso in quattro quadranti.

SWOT Personale: Chiedere ai partecipanti di riflettere e compilare ciascun quadrante con i propri punti di forza, debolezze, opportunità e minacce.

Discussione: Facilitare una discussione in cui i partecipanti condividono le loro scoperte e riflettono su come utilizzare i punti di forza e le opportunità per superare le debolezze e le minacce.

Applicazione: Utilizzare questo esercizio durante un ritiro spirituale per aiutare i membri della chiesa a riflettere sulle proprie capacità e a identificare modi per servire meglio la comunità.

Esercizio 2: Brainstorming di Gruppo

Obiettivo: Generare idee creative per risolvere un problema comune.

Attività

Definire il Problema: Presentare un problema comune che il gruppo deve risolvere.

Sessione di Brainstorming: Incoraggiare i partecipanti a proporre idee liberamente, senza giudizio.

Valutazione delle Idee: Raccogliere le idee e valutarle collettivamente, identificando quelle più promettenti.

Applicazione: Utilizzare il brainstorming per sviluppare nuove attività giovanili nella chiesa o per pianificare eventi di servizio comunitario.

Esercizio 3: Role-Playing di Conflitti

Obiettivo: Migliorare le abilità di gestione dei conflitti attraverso la simulazione di situazioni reali.

Attività

Definire i Ruoli: Assegnare ai partecipanti ruoli specifici in un conflitto simulato.

Simulazione: Eseguire la simulazione, permettendo ai partecipanti di agire secondo i loro ruoli.

Debriefing: Discutere l'esperienza, identificando le strategie efficaci utilizzate per risolvere il conflitto.

Applicazione: Utilizzare il role-playing per addestrare i leader della chiesa a gestire conflitti tra i membri della congregazione.

Esercizio 4: Creazione di Mappe Mentali

Obiettivo: Organizzare e visualizzare idee e informazioni in modo strutturato.

Attività

Tema Centrale: Selezionare un tema o problema centrale.

Mappa Mentale: Creare una mappa mentale collegando idee e sotto-temi al tema centrale.

Discussione: Condividere e discutere la mappa mentale con il gruppo per identificare nuove connessioni e soluzioni.

Applicazione: Creare una mappa mentale per pianificare un anno di attività della chiesa, includendo eventi, studi biblici e progetti di servizio.

Studi di Caso Reali con Soluzioni Dettagliate

Caso 1: Ristrutturazione del Programma di discepolato

Problema: La partecipazione al programma di catechismo della chiesa è in declino.

Soluzione Dettagliata

Analisi SWOT

Punti di Forza: Insegnanti dedicati, materiali di alta qualità.

Debolezze: Orari non convenienti, metodi di insegnamento poco coinvolgenti.

Opportunità: Tecnologie educative, coinvolgimento dei genitori.

Minacce: Concorrenza con altre attività del fine settimana.

Ricerca di Feedback: Raccogliere feedback dai genitori e dagli studenti per comprendere le loro esigenze e preferenze.

Implementazione di Nuovi Metodi: Adottare metodi di insegnamento più interattivi, come l'apprendimento basato su progetti e l'uso di applicazioni educative.

Riprogrammazione degli Orari: Offrire lezioni in orari più flessibili, inclusi i giorni feriali serali.

Valutazione e Adattamento: Monitorare la partecipazione e il feedback, apportando modifiche continue per migliorare il programma.

Caso 2: Progetto di Volontariato Comunitario

Problema: Bassa partecipazione ai programmi di volontariato comunitario dell'associazione.

Soluzione Dettagliata

Analisi delle Cause

Comunicazione Inefficace: Molti membri non sono a conoscenza delle opportunità di volontariato.

Mancanza di Incentivi: I membri non percepiscono i benefici del volontariato.

Strategie di Comunicazione

Utilizzare i Social Media: Creare pagine e gruppi sui social media per promuovere le opportunità di volontariato.

Newsletter e Annunci: Inviare newsletter regolari e fare annunci durante le riunioni della comunità.

Incentivi e Riconoscimenti:

Programmi di Riconoscimento: Offrire certificati, premi e menzioni speciali ai volontari.

Eventi di Ringraziamento: Organizzare eventi per ringraziare pubblicamente i volontari.

Collaborazione con Altre Organizzazioni: Collaborare con altre associazioni e enti locali per ampliare l'impatto dei programmi di volontariato.

Monitoraggio e Feedback: Raccogliere feedback dai volontari e monitorare la partecipazione per apportare miglioramenti continui.

Caso 3: Innovazione nel Ministero Giovanile

Problema: Il ministero giovanile della chiesa fatica a coinvolgere i giovani.

Soluzione Dettagliata

Brainstorming e Coinvolgimento: Organizzare sessioni di brainstorming con i giovani per capire i loro interessi e bisogni.

Programmi Adattati: Sviluppare programmi basati sugli interessi dei giovani, come gruppi di discussione su temi contemporanei, eventi sportivi e serate di film.

Utilizzo della Tecnologia: Creare un'app dedicata al ministero giovanile per fornire aggiornamenti, risorse e promuovere eventi.

Mentoring: Implementare un programma di mentoring dove i giovani possono essere guidati da membri più esperti della chiesa.

Feedback Continuo: Creare un sistema per raccogliere feedback regolare dai partecipanti e adattare i programmi di conseguenza.

Progetti di Problem Solving da Sviluppare

Progetto 1: Creazione di una Banca del Tempo

Obiettivo: Sviluppare un sistema in cui i membri della comunità possano scambiare competenze e servizi senza l'uso di denaro.

Fasi del Progetto

Ricerca e Pianificazione: Studiare modelli esistenti di banche del tempo e pianificare la struttura del sistema.

Coinvolgimento della Comunità: Informare e coinvolgere i membri della comunità attraverso incontri e campagne informative.

Sviluppo della Piattaforma: Creare una piattaforma digitale o fisica per gestire gli scambi di tempo e servizi.

Lancio e Monitoraggio: Lanciare il progetto, monitorare gli scambi e raccogliere feedback per migliorare il sistema.

Progetto 2: Programma di Supporto per Genitori

Obiettivo: Offrire risorse e supporto ai genitori della comunità per affrontare le sfide della genitorialità.

Fasi del Progetto

Ricerca di Bisogni: Condurre sondaggi e interviste per identificare le principali sfide e necessità dei genitori.

Sviluppo delle Risorse: Creare risorse educative, come workshop, gruppi di supporto e materiali informativi.

Partnership: Collaborare con esperti locali, scuole e altre organizzazioni per offrire un supporto completo.

Implementazione e Valutazione: Lanciare il programma, raccogliere feedback e apportare miglioramenti continui.

Progetto 3: Iniziativa di Sensibilizzazione Ambientale

Obiettivo: Promuovere la consapevolezza ambientale e l'adozione di pratiche sostenibili all'interno della comunità.

Fasi del Progetto

Educazione e Formazione: Organizzare workshop e seminari sulla sostenibilità e la protezione ambientale.

Progetti Pratici: Implementare progetti pratici come la pulizia di aree verdi, la piantumazione di alberi e la creazione di orti comunitari.

Campagne di Sensibilizzazione: Lanciare campagne di sensibilizzazione attraverso social media, newsletter e eventi comunitari.

Monitoraggio dell'Impatto: Monitorare l'impatto delle iniziative e raccogliere dati per valutare i progressi e migliorare le strategie.

L'implementazione di esercizi pratici e lo studio di casi reali sono fondamentali per sviluppare competenze di problem solving efficaci. In contesti secolari e cristiani, queste attività non solo aiutano a risolvere problemi complessi, ma promuovono anche l'innovazione e la crescita comunitaria.

Attraverso la pratica e l'applicazione di strategie mirate, le comunità, le chiese e le associazioni possono affrontare le sfide in modo proattivo, costruendo un ambiente più forte, unito e resiliente.

Capitolo 9
Strumenti Digitali per il Problem Solving

Nell'era digitale, una vasta gamma di strumenti digitali può facilitare il problem solving, migliorare l'efficienza e promuovere la collaborazione. L'adozione di queste tecnologie può aiutare a risolvere problemi complessi, coordinare progetti e coinvolgere i membri in modo più efficace. Questo capitolo fornirà una panoramica degli strumenti digitali disponibili, esaminerà i software di gestione dei progetti e descriverà le applicazioni per il brainstorming e la collaborazione.

1. Panoramica degli Strumenti Digitali Disponibili
Categorie Principali

Software di Gestione dei Progetti: Strumenti che aiutano a pianificare, eseguire e monitorare progetti complessi.

Applicazioni di Brainstorming e Collaborazione: Piattaforme che facilitano la generazione di idee e il lavoro collaborativo.

Strumenti di Comunicazione: Applicazioni per la comunicazione sincrona e asincrona tra i membri del gruppo.

Strumenti di Condivisione e Archiviazione di *Documenti:* Soluzioni per condividere e archiviare documenti in modo sicuro e accessibile.

Importanza

Efficienza: Migliorare l'efficienza operativa e la gestione del tempo.

Collaborazione: Promuovere una collaborazione più stretta e coinvolgente tra i membri.

Trasparenza: Aumentare la trasparenza e la responsabilità nei processi decisionali.

2. Software di Gestione dei Progetti

Trello

Descrizione: Una piattaforma visiva per la gestione dei progetti che utilizza schede e liste per organizzare le attività.

Caratteristiche

Schede e Liste: Creazione di schede per i progetti e liste per le attività.

Assegnazione dei Compiti: Assegnazione dei compiti ai membri del team.

Etichette e Scadenze: Utilizzo di etichette colorate e scadenze per organizzare e prioritizzare le attività.

Applicazione: Utilizzare Trello per pianificare eventi della chiesa, organizzare gruppi di studio biblico e coordinare progetti di volontariato.

Asana

Descrizione: Un software di gestione dei progetti che aiuta i team a coordinare e gestire le attività in modo più efficiente.

Caratteristiche

Progetti e Attività: Creazione di progetti e suddivisione in attività e sotto-attività.

Timeline e Dipendenze: Visualizzazione delle timeline dei progetti e gestione delle dipendenze tra le attività.

Report e Dashboard: Monitoraggio dei progressi attraverso report e dashboard personalizzabili.

Applicazione: Utilizzare Asana per gestire programmi di

formazione, campagne di sensibilizzazione e progetti di missione.

Microsoft Project

Descrizione: Un software di gestione dei progetti professionale che offre strumenti avanzati per la pianificazione e il monitoraggio.

Caratteristiche

Pianificazione: Creazione di piani di progetto dettagliati con attività, tempistiche e risorse.

Monitoraggio: Tracciamento dell'avanzamento del progetto con grafici di Gantt e report di stato.

Collaborazione: Integrazione con altre applicazioni Microsoft per facilitare la collaborazione.

Applicazione: Utilizzare Microsoft Project per progetti complessi come la costruzione di nuovi edifici, la pianificazione di grandi conferenze o l'organizzazione di missioni internazionali.

3. Applicazioni per il Brainstorming e la Collaborazione

Miro

Descrizione: Una lavagna collaborativa online che permette ai team di lavorare insieme su idee e progetti in tempo reale.

Caratteristiche

Lavagne Illimitate: Creazione di lavagne illimitate per brainstorming, pianificazione e prototipazione.

Template Predefiniti: Utilizzo di template predefiniti per diverse attività come brainstorming, mappe mentali e analisi SWOT.

Collaborazione in Tempo Reale: Collaborazione simultanea con commenti, votazioni e chat integrata.

Applicazione: Utilizzare Miro per sessioni di brainstorming sulle attività della chiesa, pianificazione di eventi e sviluppo di nuovi programmi di ministero.

MindMeister

Descrizione: Un'applicazione per creare mappe mentali online che facilita la visualizzazione e l'organizzazione delle idee.

Caratteristiche

Mappe Mentali Interattive: Creazione e modifica di mappe mentali interattive con nodi e sotto-nodi.

Collaborazione: Condivisione delle mappe mentali con il team e collaborazione in tempo reale.

Integrazione: Integrazione con altre applicazioni come

Google Drive e Microsoft Teams.

Applicazione: Utilizzare MindMeister per pianificare studi biblici, sviluppare progetti comunitari e organizzare campagne di evangelizzazione.

Google Workspace (ex G Suite):

Descrizione: Una suite di strumenti di produttività e collaborazione che include Gmail, Google Drive, Google Docs, Google Sheets e Google Meet.

Caratteristiche

Documenti Condivisi: Creazione e condivisione di documenti, fogli di calcolo e presentazioni in tempo reale.

Comunicazione Integrata: Utilizzo di Gmail e Google **Meet per la comunicazione sincrona e asincrona.**

Archiviazione e Condivisione: Archiviazione sicura e condivisione di file tramite Google Drive.

Applicazione: Utilizzare Google Workspace per gestire la comunicazione interna della chiesa, condividere materiali di studio biblico e organizzare riunioni del consiglio.

L'adozione di strumenti digitali per il problem solving può trasformare il modo in cui le comunità, le chiese e le associazioni affrontano le sfide e gestiscono i progetti. Utilizzando software di gestione dei progetti come Trello, Asana e Microsoft Project, è possibile pianificare e monitorare le attività in modo efficiente. Le applicazioni per il brainstorming e la collaborazione, come Miro, MindMeister e Google Workspace, facilitano la generazione di idee e il lavoro di squadra. Integrando questi strumenti digitali nelle loro pratiche quotidiane, le organizzazioni possono migliorare la loro capacità di risolvere problemi, innovare e realizzare la loro missione in modo più efficace e collaborativo.

Capitolo 10
Valutazione e Certificazione delle Competenze

La valutazione e la certificazione delle competenze di problem solving sono fondamentali per riconoscere e sviluppare le capacità necessarie per affrontare le sfide in modo efficace. Avere metodi chiari e strutturati per valutare queste competenze aiuta a garantire che i membri siano ben preparati per risolvere problemi complessi. Questo capitolo esplorerà i metodi di valutazione delle competenze di problem solving e come questi possono essere utilizzati per la certificazione.

Metodi di Valutazione delle Competenze di Problem Solving

Valutazioni Formative

Descrizione: Le valutazioni formative sono progettate per fornire feedback continuo durante il processo di apprendimento e sviluppo delle competenze.

Strumenti: Osservazioni, quiz, discussioni di gruppo, feedback peer-to-peer.

Applicazione: Utilizzare valutazioni formative nei programmi di formazione della chiesa per monitorare i progressi dei partecipanti e fornire feedback immediato.

Valutazioni Sommative

Descrizione: Le valutazioni sommative misurano le competenze alla fine di un periodo di formazione o di un progetto.

Strumenti: Esami scritti, presentazioni, progetti finali, relazioni.

Applicazione: Implementare valutazioni sommative nei programmi di formazione dei volontari o nei corsi di studio biblico per valutare l'apprendimento complessivo.

Valutazioni Basate su Progetti

Descrizione: Queste valutazioni richiedono ai partecipanti di applicare le loro competenze di problem solving a un progetto reale o simulato.

Strumenti: Studi di caso, progetti pratici, simulazioni.

Applicazione: Utilizzare valutazioni basate su progetti per sviluppare e valutare soluzioni a problemi reali della comunità, come la pianificazione di un evento di raccolta fondi o la risoluzione di un conflitto interpersonale.

Valutazioni di Competenze Comportamentali

Descrizione: Queste valutazioni misurano le competenze di problem solving osservando i comportamenti e le attitudini dei partecipanti durante le attività.

Strumenti: Osservazioni dirette, valutazioni peer-to-peer, feedback da parte di mentori o supervisori.

Applicazione: Implementare valutazioni comportamentali durante le attività di servizio comunitario per osservare come i membri affrontano e risolvono i problemi.

Valutazioni di Auto-Riflessione

Descrizione: Le valutazioni di auto-riflessione richiedono ai partecipanti di riflettere criticamente sulle loro competenze e prestazioni.

Strumenti: Diari di riflessione, questionari di auto-valutazione, discussioni guidate.

Applicazione: Utilizzare valutazioni di auto-riflessione nei ritiri spirituali o nei gruppi di studio per promuovere la crescita personale e spirituale.

Certificazione delle Competenze di Problem Solving

Programmi di Certificazione

Descrizione: I programmi di certificazione formalizzano il riconoscimento delle competenze di problem solving attraverso corsi strutturati e valutazioni rigorose.

Esempi: Certificazioni professionali, corsi universitari, certificazioni interne dell'organizzazione.

Applicazione: Sviluppare programmi di certificazione interni per i leader della chiesa, i volontari e i membri della comunità, riconoscendo formalmente le loro competenze di problem solving.

Certificazioni Personalizzate

Descrizione: Le certificazioni personalizzate sono adattate alle esigenze specifiche dell'organizzazione e dei suoi membri.

Strumenti: Corsi personalizzati, valutazioni basate su progetti specifici, criteri di valutazione adattati.

Applicazione: Creare certificazioni personalizzate per i vari ministeri della chiesa, come la gestione dei programmi giovanili, il coordinamento del volontariato e la leadership spirituale.

Esempi di Certificazioni Specifiche

Certificazione in Leadership e Problem Solving: Un programma che combina formazione teorica e pratica sulle competenze di leadership e problem solving.

Certificazione in Gestione dei Conflitti: Un corso specifico per sviluppare competenze nella gestione dei conflitti all'interno delle comunità e delle chiese.

Certificazione in Innovazione e Creatività: Un programma che insegna tecniche di pensiero creativo e innovativo per risolvere problemi complessi.

Implementazione di Programmi di Certificazione

Identificazione dei Bisogni: Analizzare le esigenze della comunità o dell'organizzazione per determinare le competenze di problem solving necessarie.

Sviluppo del Curriculum: Progettare un curriculum che copra le competenze chiave di problem solving, utilizzando una combinazione di teoria e pratica.

Creazione delle Valutazioni: Sviluppare strumenti di valutazione per misurare le competenze acquisite, utilizzando metodi formativi, sommativi, basati su progetti, comportamentali e di auto-riflessione.

Erogazione del Programma: Implementare il programma di certificazione, offrendo supporto continuo ai partecipanti attraverso feedback e mentoring.

Rilascio della Certificazione: Al completamento del programma, rilasciare certificati ufficiali che riconoscano formalmente le competenze di problem solving dei partecipanti.

La valutazione e la certificazione delle competenze di problem solving sono essenziali per garantire che i membri delle comunità, delle chiese e delle associazioni siano ben preparati per affrontare le sfide in modo efficace. Utilizzando una varietà di metodi di valutazione, è possibile fornire un feedback continuo e dettagliato, aiutando i partecipanti a sviluppare e migliorare le loro competenze. I programmi di certificazione formalizzano questo processo, riconoscendo ufficialmente le competenze acquisite e promuovendo una cultura di eccellenza e crescita continua. In contesti cristiani, questi programmi possono essere adattati per riflettere i valori e la missione della comunità, integrando la formazione tecnica con la crescita spirituale.

Conclusione

Il problem solving è una competenza essenziale in ogni ambito della vita, inclusi i contesti secolari e cristiani. Questo corso ha esplorato vari aspetti del problem solving, fornendo strumenti, tecniche e approcci che possono essere applicati per affrontare le sfide in modo efficace e innovativo. Di seguito, una sintesi dei principali insegnamenti del corso:

1. Importanza del Pensiero Critico e Creativo:

Pensiero Critico: Analizzare e valutare le informazioni in modo logico e oggettivo.

Pensiero Creativo: Generare idee innovative e soluzioni fuori dagli schemi.

2. Tecniche di Problem Solving:

SWOT Analysis: Identificare punti di forza, debolezze, opportunità e minacce.

Diagramma di Ishikawa e 5 Whys: Identificare le cause radice dei problemi.

Design Thinking: Approccio centrato sull'utente per sviluppare soluzioni innovative.

Brainstorming e Brainwriting: Generare idee collaborative in modo strutturato.

3. Collaborazione e Dinamiche di Gruppo:

Ruoli nel Problem Solving: Facilitatore, scrivano, esperto di contenuto, innovatore, coordinatore del gruppo.

Tecniche di Facilitazione: Ascolto attivo, comunicazione non violenta, mediazione.

4. Applicazione in Contesti Specifici:

Ambito Ecclesiale: Migliorare la comunicazione, coinvolgere i membri, gestire i conflitti.

Ambito Educativo: Coinvolgimento degli studenti, gestione della classe, supporto agli studenti con bisogni speciali.

Contesti Sociali e Comunitari: Affrontare le disparità socioeconomiche, gestione dei conflitti comunitari, ottimizzazione delle risorse.

5. Utilizzo di Strumenti Digitali:

Software di Gestione dei Progetti: Trello, Asana, Microsoft Project.

Applicazioni per Brainstorming e Collaborazione: Miro, MindMeister, Google Workspace.

6. Valutazione e Certificazione delle Competenze:

Metodi di Valutazione: Valutazioni formative, sommative, basate su progetti, comportamentali, di auto-riflessione.

Programmi di Certificazione: Certificazioni in leadership e problem solving, gestione dei conflitti, innovazione e creatività.

Consigli per il Continuo Miglioramento delle Abilità di Problem Solving

1. Impegno nel Life-long Learning:

Formazione Continua: Partecipare a corsi di

aggiornamento, workshop e seminari per mantenere le competenze aggiornate.

Lettura e Ricerca: Leggere libri, articoli e studi di caso sul problem solving e l'innovazione.

2. Pratica Costante:

Applicazione Pratica: Applicare regolarmente le tecniche di problem solving alle sfide quotidiane.

Progetti Volontari: Coinvolgersi in progetti di volontariato che richiedono capacità di problem solving.

3. Coinvolgimento della Comunità:

Collaborazione: Lavorare in team per risolvere problemi complessi, valorizzando le diverse prospettive e competenze.

Feedback e Mentoring: Cercare feedback continuo dai colleghi e partecipare a programmi di mentoring per migliorare le proprie competenze.

4. Innovazione Continua:

Creatività: Coltivare il pensiero creativo attraverso attività che stimolano l'innovazione, come il brainstorming e il design thinking.

Tecnologia: Sfruttare le tecnologie emergenti per migliorare il processo di problem solving.

5. Riflessione e Auto-Valutazione:

Diari di Riflessione: Tenere un diario per riflettere sulle esperienze di problem solving e identificare aree di miglioramento.

Auto-Valutazione: Utilizzare questionari e strumenti di auto-valutazione per monitorare il proprio progresso.

6. Integrazione dei Valori Cristiani:

Preghiera e Discernimento: Integrare la preghiera e il discernimento spirituale nel processo di problem solving.

Servizio e Compassione: Applicare i principi cristiani di servizio e compassione nel risolvere problemi e affrontare le sfide comunitarie.

Il problem solving è una competenza dinamica e in continua evoluzione, che richiede impegno, pratica e una mentalità aperta all'apprendimento e all'innovazione. In contesti secolari ed ecclesiali, il problem solving non solo aiuta a superare le sfide pratiche, ma promuove anche la crescita personale, spirituale e comunitaria. Sfruttando le tecniche, gli strumenti e gli approcci discussi in questo corso, i partecipanti possono sviluppare le competenze necessarie per affrontare con successo qualsiasi problema, trasformando le sfide in opportunità e contribuendo al benessere collettivo e alla missione della loro comunità.

Appendice
Glossario dei Termini

1. Problem Solving (Risolvere Problemi):

Definizione: Il processo di identificare, analizzare e risolvere problemi in modo efficace e sistematico. Include la generazione di soluzioni innovative e l'implementazione di azioni correttive.

2. Pensiero Critico:

Definizione: La capacità di analizzare fatti, argomenti e situazioni in modo razionale e obiettivo, per prendere decisioni informate e risolvere problemi in modo efficace.

3. Brainstorming (Tempesta di Idee):

Definizione: Una tecnica creativa utilizzata per generare una grande quantità di idee in breve tempo, senza giudizio o critica, al fine di trovare soluzioni innovative.

4. Diagramma di Ishikawa (Fishbone Diagram):

Definizione: Uno strumento grafico utilizzato per identificare le cause radice di un problema. Viene rappresentato come un pesce con la testa che indica il problema principale e le spine che rappresentano le cause.

5. 5 Whys (Cinque Perché):

Definizione: Una tecnica di root cause analysis che consiste nel porre la domanda "Perché?" cinque volte di seguito per scoprire la causa principale di un problema.

6. SWOT Analysis (Analisi SWOT):

Definizione: Un metodo per identificare i punti di Forza (Strengths), Debolezza (Weaknesses), Opportunità (Opportunities) e Minacce (Threats) relative a un progetto o a un'organizzazione.

7. Design Thinking:

Definizione: Un approccio centrato sull'utente per risolvere problemi complessi, che enfatizza l'empatia, la definizione del problema, la generazione di idee, la prototipazione e il testing.

8. PDCA (Plan-Do-Check-Act):

Definizione: Un ciclo di miglioramento continuo che consiste nel pianificare un'azione, attuarla, verificarne i risultati e agire per migliorare ulteriormente.

9. Facilitazione:

Definizione: Il processo di guidare un gruppo attraverso un incontro o una discussione, utilizzando tecniche di comunicazione e dinamiche di gruppo per facilitare il problem solving e il consenso.

10. Conflitto:

Definizione: Una situazione in cui due o più parti hanno interessi, obiettivi o percezioni incompatibili, che possono portare a tensioni o dispute.

11. Negoziazione:

Definizione: Un processo di comunicazione tra due o più parti che cercano di risolvere i loro conflitti attraverso il dialogo e la ricerca di un accordo condiviso.

12. Innovazione:

Definizione: Il processo di introdurre novità e miglioramenti in prodotti, servizi o processi, con l'obiettivo di creare valore e rispondere meglio ai bisogni e alle sfide.

13. Comunità Cristiana:

Definizione: Un gruppo di credenti che condividono la fede in Gesù Cristo e vivono insieme secondo i principi del Vangelo, impegnandosi nel culto, nell'evangelizzazione e nel servizio reciproco.

Bibliografia

Libri:

Dewey, John (1910). How We Think. D.C. Heath & Co.
Un classico che esplora il pensiero critico e il processo di riflessione.

Adams, James L. (2001). Conceptual Blockbusting: A Guide to Better Ideas. Basic Books.
Una guida pratica per superare i blocchi mentali e stimolare la creatività nel problem solving.

Brown, Tim (2009). Change by Design: How Design Thinking Transforms Organizations and Inspires Innovation. Harper Business.
Un'introduzione al design thinking e alla sua applicazione per risolvere problemi complessi.

Covey, Stephen R. (1989). The 7 Habits of Highly Effective People: Powerful Lessons in Personal Change. Free Press.
Un libro fondamentale sulla gestione personale e il problem solving strategico.

Maxwell, John C. (2007). The 21 Irrefutable Laws of Leadership: Follow Them and People Will Follow You. Thomas Nelson.
Esamina le leggi della leadership e include strategie di problem solving per leader cristiani.

Articoli e Risorse Online:

"How to Conduct a SWOT Analysis". MindTools. Disponibile su MindTools.com.

Guida pratica per l'analisi SWOT.

"The Five Whys Technique". Lean.org. Disponibile su Lean.org.

Spiegazione dettagliata della tecnica dei cinque perché.

"The PDCA Cycle". ASQ. Disponibile su ASQ.org.

Una panoramica del ciclo PDCA.

Risorse Cristiane:

Wright, N. T. (2006). Simply Christian: Why Christianity Makes Sense. HarperOne.

Un'introduzione alla fede cristiana che esplora la dimensione della comunità e del servizio.

Wilkins, Michael J. (1992). Following the Master: A Biblical Theology of Discipleship. Zondervan.

Una riflessione biblica sul discepolato e la comunità cristiana.

Volf, Miroslav (1996). Exclusion and Embrace: A Theological Exploration of Identity, Otherness, and Reconciliation. Abingdon Press.

Un'analisi della riconciliazione e della gestione dei conflitti alla luce della teologia cristiana.

Riviste e Journal:

Harvard Business Review:

Articoli su gestione aziendale, problem solving e innovazione.

Journal of Biblical Integration in Business:

Articoli su come integrare principi biblici nella gestione aziendale e nel problem solving.

Questa bibliografia include risorse affidabili e disponibili che offrono approfondimenti su problem solving, leadership e innovazione, sia in contesti secolari che cristiani. Utilizzando queste risorse, i membri delle comunità possono migliorare le loro competenze e applicare le conoscenze acquisite per risolvere problemi in modo efficace.

Una riflessione biblica sul discepolato e la comunità cristiana.

Volf, M. (1996). Exclusion and Embrace: A Theological Exploration of Identity, Otherness, and Reconciliation. Nashville: Abingdon Press.

Un'analisi della riconciliazione e della gestione dei conflitti alla luce della teologia cristiana.

Questa appendice e la bibliografia sono pensate per fornire una base solida per approfondire ulteriormente il problem solving in contesti sia secolari che cristiani, integrando conoscenze pratiche e spirituali. Utilizzando questi strumenti, i membri delle comunità possono non solo risolvere problemi ma anche crescere insieme nella fede e nell'azione.